前　言

办企业、做生意、交朋友，既要厚道，又要有明辨是非的见识谋略。正所谓"路遥知马力，日久见人心"。任何人，包括那些虚伪的或有小聪明的人，也只能骗人一时，不可能骗人一世；只能欺骗一部分人，不可能欺骗所有人。所以，实实在在，才能在社会立足。否则，时间一长，就露馅了。

奥地利著名心理学家弗洛伊德说过："任何人都无法保守他内心的秘密。即使他的嘴巴保持沉默，他的指尖却喋喋不休，甚至他的每一个毛孔都会背叛他！"这就是说，每个人的内心都是有迹可循的，每个人的心理总会通过他不经意的各种细节显露出来。

与他人相处，只要稍微动用我们的聪明才智，从他人的举手投足间即可读懂其心意，从而相机行事；从他人的一个小习惯、一个小细节就可以识别其品性和为人，从而避免交上不良的朋友；从一个眼神、一句话可就能判断出对方隐含的意图，从而绕过人生路上的陷阱。这样，我们就会在职场中游刃有余。

社会复杂，人心多样。有的人这一刻是好人，下一刻就可能因为某种利益的诱惑而做坏事。利润至上的老板、"勤勤恳恳"的同事、"肝胆相照"的朋友……在职场上，有的同事与我们"道不相同""想法相左"，但又与我们"风雨同舟""并肩作战"。他们中的很多人或许博学多才、身怀绝技，只是偶尔"心术不正"。我们在躲过少数人所设陷阱的同时，拿捏好分寸，宽容相待，依其秉性，使其"聪明才智"能够用到正确的地方。原则问题绝不妥协，小小问题也能看得开，容得下。这才算活出了人生的境界。

　　本书所讲，就是如何观察别人心理的外在流露，从而对其人其事作出正确的判断。它为我们提供了一把打开人心的钥匙，教会我们观人于细微、察人于无形，让我们轻而易举地识别好人、坏人，能知人、会用人、可容人。洞察世事人心，接近好人，远离品性有问题的人，我们才能提高工作效率，获得幸福的人生。

目　录

第一章　认识他人，认识自己

第二章　要远离这些人

第三章　几种口是心非

第四章　非必要不谎言

第五章　听话听音

第六章　小动作的秘密

第七章　看人的习惯与从习惯看人

第八章　真朋友用心处，假朋友不宜近

第九章　益友百人少，损友一人多

第十章　做好办公室工作的几个小技巧

第十一章　君子之心，雨过天晴

第一章

认识他人，认识自己

　　每个人多多少少都会隐藏一点真性情。但无论怎么隐藏，最后终究会露出真面目。因为戴面具是有意识的行为，时间久了自己也会觉得累，于是在不知不觉中会将假面具拿下来，就像前台演员一样，一到后台便把面具拿下来。假面具一拿下来，真性情就显露了。性情显露是好事，自己不累，别人也轻松。

远"人渣"，近"人杰"

有人把能影响自己事业的人分成四个层次：

第一层次是"人渣"。他们在生活中是吃喝嫖赌样样沾染，而且极尽所能办坏事以满足私欲。损人利己的事经常做，损人不利己的事也干。他们的存在给社会带来了不可估量的危害。对于这样的人，我们要避而远之，不要和他们有一丝的联系，免得他们给我们带来危害或让我们沾染上他们的坏习气。

第二层次是"人物"。这种人比较满足于自己所从事的工作，兢兢业业、任劳任怨，好多人终其一生也没有改变自己的爱好和所长，他们是这个社会的脊梁。

第三层次是"人才"。他们是社会的中流砥柱，在社会的各个领域中出类拔萃。他们学有所长，学有所用，并且建树颇丰。虽不是社会某个领域中的领军人物，但多半是其中的重要成员。

第四层次是"人杰"。他们是社会各个方面的"旗帜"，引领了所属行业的发展，并左右着行业的现状和未来。他们若失败则会让人有生不逢时的感叹；他们若活得轰轰烈烈，则在一段时期内会左右行业的发展方向。

后三种人是我们要结交的，不仅结交，我们还要向他们学习，以他们为榜样。

若想分辨出人们藏在心中的善、恶、美、丑，分辨出不同的人，要学会观察。

1.仔细地听。听人讲话，并不只是听他说些什么，还要观察他是怎么说的。人们没有说出来的言语中包含的意思常常比他说出来的更多。偶尔要使谈话停顿一下——短暂的沉默往往会使对方说出更多的话。

2.仔细地观察。不需要看任何有关形体语言的书，只要仔细观察对方，便可以了解他各种动作及姿态的含义，以及他可能会说些什么样的话。

3.尽量少讲。只要少讲话，自然就可以学到更多、听到更多——而且可以避免自己说错话。每个人都能够做到少说话，而且几乎每个人都应该少说话、多提问。

4.不要先入为主。通常人们相信第一印象，但是除非经过深思熟虑，否则不要轻易地相信第一印象。当别人给你留下印象时，不要随便作为信条加以肯定或否定。

5.事先做好准备。当你准备和他人见面或打电话给他人之前，先回想一下你过去对他的了解，想一下你应该怎么说或怎样做才能达成自己的目标。

6.要谨慎。当你观察他人的时候，千万要谨慎。虽然你已经了解了对方的作风，但绝不要告诉他你觉得他不够老实可靠，而且即使你凭直觉已经看出他的做法可能不对，也不要鲁莽地马上指出来。先观察一下，有时候慢半拍要比快半拍好。

7.保持超然。如果你能在一些热闹的商务场合中强迫自己保持超然，你的观察力就能大为提高。别人在酒酣耳热之时流露出来的本性，将比其他场合多得多。假如你也跟着一起凑热闹，就可能闹笑话。

我们看到，生活中大多数人秉持正确的做人理念，许多小人物都是淳朴明达的，充满着生活的智慧。人活一辈子，只要能从不同类型的人身上看出他们各自的特点，就能领略真正的人性。

看人是一门学问

看人是一门很高深的学问，有时候从走路方式和表情即可判定一个人的性情。

有位企业家和我谈到这个问题时，向我提出这样的建议：用"时间"来看人。

所谓用"时间"来看人，就是指通过长期观察，而不是在见面之初就对一个人的好坏下结论。因为太快下结论，会因你个人的喜好而发生偏差，从而影响你们的合作。另外，为了生存和利益，少部分人还会戴着假面具，你所见到的可能是戴着假面具的"他"，而并非真正的"他"。这是一种有意识的行为，这些假面具有可能只为你而戴，扮演的也正是你喜欢的角色。如果你据此判断一个人的好坏，并进而决定和他交往的程度，那就有可能吃亏上当。

用"时间"来看人，那么在初次见面后，不管你和他是"一见如故"还是"话不投机"，都要保留一些空间，而且不掺杂主观好恶的感情因素，然后冷静地去观察对方。

一般来说，人再怎么隐藏本性，终究是要露出真面目的。因为戴面具是有意识的行为，时间久了自己也会觉得累，于是在不知不觉中会将假面具拿下来。就像前台演员一样，一到后台便把面具拿下来。假面具一拿下来，真性情就显露了。

所谓"路遥知马力，日久见人心"。

用"时间"特别容易看出以下几种人。

1.不诚恳的人。因为他不诚恳，所以对人、对事会先热后冷、先密后疏，用"时间"来看人，可以看出这种变化。

2.说谎的人。这种人常常要用更多的谎言去圆前面所说的谎话，而谎话一旦说多说久了，就会露出首尾不能兼顾的破绽，而"时间"正是检验这些谎言的利器。

3.言行不一的人。这种人说的和做的是两回事，但通过"时间"，便可发现他的言行不一。

至于需要多久才能看出一个人的真性情，如果说需要许多年，这似乎长了些，如果说就需一个月又短了些。那么到底多长的时间才算"标准"？这并不能作出规定，完全因情况而异，也就是说，有人可能认识第二天就见真性情，而有人两三年了却还"云深不知处"，让你摸不清楚。因此无论是做生意还是与人交往，千万别一头热，先要后退几步，给自己一些时间来观察，这是尊重他人，也是保护自己的最好方法。

细节反映人品

物以类聚，人以群分。只有性情相近、脾气相投的人才能走到一块儿成为朋友。如果对方的朋友都是一些不三不四、不伦不类的人，那他的素质也不会太高；如果他结交的都是些没有道德修养的人，那他自己的修养也不会太好。有的人交朋友以性格、脾气取人，能说到一块儿的就是朋友；有的人则以追求取人，有相同的追求就能成为朋友；有的人则因为爱好相同而走到一起。但无论如何，只有二人修养相当、品质差不多时才能成为永久的朋友。所以，了解了一个人的朋友也就了解了这个人。

想了解一个人，还可以观察他是怎样对待别人的。

人在得意的时候，特别爱诉说他与别人在一起交往时的情景，他说的时候是无意的，不会想到他与被说人有什么关系，所以一般比较真实。

如果对方当着你的面说自己如何占了别人的便宜，如何欺骗了对方等，那你以后就得对他注意一点儿，有可能他也会这么对待你。

还有一种人比较圆滑，往往是当面一套，背后一套，当着你的面说你如何如何好，别人如何如何不好。聪明的人就得注意这种人了，因为他在背后说别人坏，就有可能在你背后说你坏。

而有一种人可能当面批评你，指出你的缺点，却又在你面前夸奖别人的优点。你也许不愿接受他这种直率，这种人却是非常值得信赖的人。

另外，看一个人如何对待妻子、儿女、父母，就可以分析出这个人是否有责任感，自私还是不自私。

你可以通过他是否按时回家，有急事时是否想着通知家人，说起家人时感觉是否亲切等细节看出他对家人的态度。一个不把家人放在心上的人是不会把朋友放在心上的。

人性的弱点

徐先生在当地算是一位有头有脸的人物，颇有一些家产，家族中人都以他为荣。

有一次，朋友介绍他认识一位"要人"，这人相貌堂堂，举止不俗，中、英、日文朗朗上口，据说是某企业家的堂弟。对这样一个有来头的人，徐先生当然巴结奉承，唯恐怠慢。这人还说，如果有什么困难需要帮忙的，他会请亲戚协助解决。

过了半个月，这个人送给徐先生一张亲戚签名的照片，然后说他正筹备一家进口公司，准备采购建筑的材料，"很有赚头"。不过因为手头资金不宽裕，需要数百万元才能解决困难，如果徐先生愿意帮忙，他愿意让徐先生成为股东，每年分红……

徐先生不禁心动，隔天就提了200万元现金给那位先生，谁知自此之后那人就再也没有出现，他的朋友也成了受害人……

诈骗案有很多种形式，这一桩是千百种诈骗案中的一种，虽然谈不上"代表性"，骗人者对人性的掌握却和其他很多诈骗案大同小异，甚至可以说是"根本一样"！

以这桩诈骗案来说，骗子掌握了人性的几个特点。

1.以貌取人。虽然大家都知道以貌取人是不正确的，可是由于对对方的信息缺乏了解，因此还是习惯将外貌作为判断的标准。另外，人对美的东西本来就容易产生好感，对自己所缺乏的事物也会因为自己没有而产生崇仰之情。因此长得好看的人，很容易得到别人的信任，给别人留下好的印象，人们明知这可能是假象，但就是无法抗拒地相信对方！

2.渴望贵人相助。人总是往高处爬的，除了希望多赚一点钱之外，也希望自己的地位能够提升，获得他人的尊敬。因此对于一个地位卑微或苦无"出路"的人而言，"贵人"的出现无疑是天赐良机，也无暇去了解这个人背景的真假，更无力去抗拒"贵人"的光环，因此对"贵人"的一言一行，都会百分之百地相信、顺服。

3.贪小便宜。小便宜不用花力气就可得到，符合人好逸恶劳的天性，因而主动给他人便宜也就成了骗子的常用伎俩。人们一方面怀疑"天下哪有那么好的事"，一方面又不由自主地相信并认为"不拿白不拿"，很多人受骗上当都是因为如此！而会上这种当的不一定是物质匮乏的人，连生活优裕的人也难以幸免。

4.听信美言。所谓"美言"是指"美丽的言辞"，包括对"远景"美丽的陈述及对人说的"美丽"的话，诸如赞美、附和等。人基本上是好喜不好忧的，因此总是期待、相信美丽的远景，这种虚假的远景经过多次的重复之后，听者便会信以为真，并产生一种憧憬。至于对人的"美言"，说穿了，也是为了满足对方的自尊及虚荣而编织的谎话，听者或许一开始不以为然，但听了几次之后，自己便无法克制地沾沾自喜了。这正是"美言"最厉害也最危险的地方！

诈骗案的发生，都是以这几种人性特点作为"设计"基础的，徐先生的被骗也是如此。

知彼更要知己

《孙子兵法》上说：知己知彼，百战不殆。

不知彼且不知己的人不一定会有所行动，因为"未知"会让这种人因为害怕而怯于行动，或仅做有限的行动，就算有所行动，也有可能在遭到困难打击时立即退缩。因"不知彼且不知己"而导致行为保守谨慎是常见现象，却也因此而保全了自己，减少了损失。

知彼却不知己的人最大的问题是：常常在知彼之后，自认为时机成熟、条件具备，因而采取行动。这种状况之下的行动并不是没有成功的可能，但是失败的概率很大。因为缺乏"知己"的"知彼"会让人陷入一种虚假理性的思考之中，认为一切都经过了评估，一切都在掌握之中！殊不知在不知己的状况之下，知彼已失去了意义，反而成了致命伤，只会让人毫不犹豫地飞蛾扑火！

因此，知己比知彼更重要！

当然并不是说为了知己，知彼就不重要了。因为若仅知己而不知彼，则"知己"将使自己更退缩！"知己"是和"知彼"相对应的。之所以提出这样的观点，是因为一部分人有以下问题。

1.自以为是。这种人有的对自己有某种程度的了解，但过度自信。能力高强的人固然有可能一路过关斩将，因为不懂得自以为是也是一种缺点，而在环境变化时因应对不利而失败。另外一种人是完全以自我为中心的无知者，以无知为知，盲人骑瞎马。

2.自我逃避。这种人不愿面对自己的缺点，怕性格、人格、能力上的缺陷破坏他对未来的美丽幻想，以为不去面对，这些缺陷就不存在了。

3.自我欺骗。这种人深知自己性格、人格、能力上的缺陷，却告诉自己那是不确切的，自己是优秀的。这种自我欺骗长期积累下来，自己便相信了这些自己编造的谎言，甚至认为自己是完美的。

4.人若不知己，则"知彼"会让人产生一相情愿的偏差，看到的并不是真实的"彼"。好比一个眼睛散光的人，看到的影像终究不是实像。这样的"知彼"是缺乏现实意义的。

第二章
要远离这些人

　　诡诈型性格是一种很阴险的性格，它不受道德规范的拘束，为所欲为又善于伪装，工于心计又善于逢迎。凡事都以自己的利益为出发点，两面三刀，出尔反尔，极度善变。要远离这种人，越远越好。

爱投机取巧的人

日常交往中，我们经常要求人办事。只有一种情况例外，那就是当你有点小权时，有人会不请自来，而且会奉上一大筐的好话，这种人就是投机取巧的人。

投机取巧的人常在有利益的地方、有利益的时机、有利益可求的人面前出现，他的目的也十分明确，就是获得好处。

平日里，投机取巧的人对别人穷于应付，没有真实感情，你得势了他就奉迎，你失势了他就冷漠，因为他对谁都是应付，不求交往过深，也不会得罪人，缺乏主见，缺乏自信。投机取巧的人并不是对谁都热情，他的主要原则还是看谁对他有用，看谁有钱、有权。

爱阿谀奉承的人

阿谀奉承的人多是制造是非的人，他的人格是扭曲的，他奉承人是有目的的，他会捧你，也会毁你，所以在各种场合最好都与阿谀奉承的人保持距离。如果他生活在你的身边，你又摆脱不了他，那么，你就在心里与他保持距离，不能因他的几句奉承话就把你自己变成了一个庸俗的爱听奉承话的人。

如果有人阿谀逢迎，极尽奉承之能事，那么我们是坦然地领受，还是回避拒绝？接受了这种奉承，只能使小人得意；但拒绝了这种奉承，于人于己都是有益的。

在日常生活中，就有那么一种人，谁对他毕恭毕敬、阿谀奉承，他就对谁"恩宠有加"，大加赞赏和关爱。无疑，这种人更助长了阿谀之风的盛行。但是，明智的人不会这样做，他不会中这个圈套，反而会对喜欢拍马奉承的那些下属十分厌恶。

我们应当保持一个清醒的头脑。分清哪些是实事求是的评价之词，哪些又是阿谀奉承之词；哪些人是出于真心而稍稍过分地赞美几句，哪些人又是企图通过奉承而达到自己的某种企图；哪些奉承之词中含有可汲取的内容，哪些奉承话是凭空捏造、子虚乌有的等。诸如此类，绝对不能含糊。

对于实事求是的评价，要认真听、认真记，并注意在以后的工作和生活中继续保持。在赢得人们信任的同时，也会对自身发展起到良好的促进作用。

对于出于真心而稍稍过分地赞美几句的人，不妨一笑了之，抑或谦虚一下。让别人在真心赞美你的能力的同时，也认识到你的人格魅力。这样，岂不是更有助于你赢得朋友的信任和尊重吗？

如果满足于他人对自己的吹捧而昏昏然，最终会自取其辱。

美国迪士尼公司创办者沃尔特在给妻子写的一封信中说："这个行业，没有机智、应变能力、专业培训，是不容易崭露头角的。有些一肚子诡计的人，看起来很可爱，往往由于没经验，反而容易上当，我之所以没有像羊入狼群一样，是因为我请教了一个人。我很乐观、自信……我认为鲍维斯很值得信任。"

然而，欺骗沃尔特的人不是别人，正是他非常信任的那个鲍维斯。鲍维斯说，"像您这样伟大的创业者，如果能更进取些，肯定能成为世界首富"。他还称自己拥有一组称为"电影声"的独立录音系统，可以给卡通影片录音，据说只需要一两位音效人员和五六件乐器即可。沃尔特的信任，使一笔又一笔钱流进了鲍维斯的口袋。最后鲍维斯对沃尔特假惺惺地说："您是一位伟大的人。我特别想帮助您。您的米老鼠也可用来推销我需要的电影声。您可以挣到比大公司给您的还要多的钱，我可以帮您做到。我可以负担一切费用，包括推销员的开销，给我十分之一的毛利就行了。咦！摄制卡通片的钱我先借给您。"

转眼一个月过去了，但一直没有支票汇过来，满怀希望的沃尔特派人去了一趟纽约，还是没有拿到，这时的沃尔特才恍然大悟：鲍维斯是个大骗子。

大奸似忠的人

在印度古国，有一个名叫弹提罗的商人，他与国王的关系很好，可以自由出入王宫。但他因为一件小事得罪了国王的侍从，便招来一场报复。

国王的这个侍从是专司扫地的。一天早晨，侍从睡意蒙眬地到国王的床前打扫卫生，他说："哎呀，弹提罗胆子真够大的，他竟敢拥抱皇后。"

听到这话，国王一下子翻身起来，喝问："你说的是真话吗？"

侍从说道："我一夜没睡，掷骰子太累了，尽管我不停地打扫，还是忍不住打瞌睡，我不知道刚才说了些什么。"

国王却吃起醋来，他想，这家伙和弹提罗都可以自由出入我的王宫，说不定他真看见了那家伙拥抱皇后，才说了这样的话。

从此，国王禁止弹提罗自由出入王宫，把他冷落到一旁。

过了一段时日，弹提罗得知是侍从搞的鬼，便一再向他讨好，以释前嫌。侍从得了好处就原谅了他，并帮他又一次施展了计谋。

一天，侍从又去王宫扫地，他说："哎呀，我们的国王真聪明，每次大便后都吃点儿黄瓜。"

听了这话，国王大吃一惊，对他说："喂，你胡说什么？你什么时候看我做过这样的事？"

侍从的回答仍然是不置可否："我掷了一夜的骰子，实在太累了。尽管我拼命打扫，还是忍不住打瞌睡，我刚才说了些什么，自己也不知道。"

国王心想：我从未做过那样的事，这家伙明摆着是胡言乱语。那么，关于弹提罗的事也可能是这样。像弹提罗这样的人会做出那种事，是不可想象的，看来是我错怪了他。

于是，他把弹提罗叫来，恢复了他的原职。

弹提罗的宠贬竟然系于扫地侍从的胡言乱语，看来侍从的影响够大的了。其实，侍从利用其本身"忠憨"的外表，提供信息成功激发了国王的猜疑心理，至于信息本身是否可靠并不重要。

日常生活中大奸似忠的人进行挑拨离间时就经常做这样的事，他不必承担说谎的指责，诡就诡在引而不发，激得你胡思乱想。只要人们有猜疑心理，就很容易被利用。

行事诡诈的人

诡诈是以隐蔽自己的企图作为前提的，因此它是同直率的、无所隐讳的即直接的行动方式相对立的。

美国与伊拉克战场对决，双方战报频繁。你说俘敌八千，他说毙敌三百，声东击西，瞒天过海，极尽诡诈之能事。战场上你死我活、兵不厌诈，无可厚非。假如将诡诈之术用于人际交往之中，施之于合作伙伴身上，恐怕就要人人敬而远之了。

有些人刚开始并非都有害人之心，意识里往往也有两面性，一面是诚信经商，另一面是贪图私利。平时若放纵自己的贪欲，那么一旦客观条件允许，势必会见财起意，最终突破经商的道德底线，铤而走险。

诡诈型性格是一种很阴险的性格，它不受道德规范的拘束，为所欲为又善于伪装，工于心计又善于逢迎。凡事都以自己的利益为出发点，两面三刀，出尔反尔，极其善变。

所以，人们通常不信任狡诈的人，因为他们心地大多不善良，有害人之心，他们也不配博得别人真诚的信任。

对于诡诈的人，你要离得远远的，交往不要过密，但也绝不能得罪。因为不知道什么时候，这些诡诈的人就可能诡诈到你头上。

对这种人，平时见面该点头的点头，该问好的问好，心里知道他是什么样的人就可以了。但做事要严格按原则，不能让这种人钻了空子，否则他必会得寸进尺，有可能将你拖进泥坑。

总之，要时刻牢记：对诡诈的人要敬而远之。

口是心非的人

现在，有一种普遍的现象：建立信任难。造成这种现象的原因之一大概是生意场上"口是心非"的人太多了。口是心非，毫无疑问，就是表面上说得天花乱坠，而内心则全非如此；表面上对你百依百顺，而实际上则是我行我素；嘴里说着对你的赞誉之词，而内心则是诅咒你……试想一下，如果长期生活在这些人当中，吃过几次亏之后，不论是谁都会增强戒备之心，对他们的话加上几个问号。

口是心非的人最善于钩心斗角。因为他每天都在考虑如何应付别人，如何去算计别人。与这种人交往是非常危险的。因为你不知道他心里到底是怎么个想法。在文学史上，《伪君子》中的达尔杜夫是口是心非的最典型的代表，他已成为"伪善、故作虔诚的奸徒"的代名词。他表面上是上帝的使者、虔诚的教徒，而实际上则是个色鬼、贪财者；他表面上对奥尔贡一家恭恭敬敬，而实际上却用最卑鄙的手段去谋害这一家人，可以说他是个表面上好话说尽实际上则是坏事做绝的人。但是他最终的结局呢？他的这一套无耻的手段终于被人识破了，西洋镜最终被人拆穿，达尔杜夫成了万人唾弃的人。他整天苦心于算计别人，最终倒把自己推进了万丈深渊。

口是心非的人也往往虚伪。因为口是心非的人为了掩饰自己内心的想法，必然要用谎言去应付别人。谎言说多了，被别人识破了，他也就成了一个虚伪的人。其实，只要有点自尊心的人是不愿被别人称为虚伪的人的。一旦在别人的心目中成为虚伪的人，那你的生活将是很痛苦的，到处是不信任的眼光，到处是不信任的口吻，转过身来人们对你应付一下，转过身去你将成为众矢之的，那滋味真是难受极了。

　　作伪或说谎可能在某些生意场合会发挥作用，但其坏处是远远超过其益处的，因为经常作伪者绝不是高尚的人而是邪恶的人。当然，一个人不可能一下子就变坏。一个人起初也许只是为了掩饰事情的某一点而做一点伪事，但后来他就不得不做更多的伪事，说更多的谎话，以便于掩饰与那一点相关联的每一点。总结起来，做伪事、说谎话、口是心非大概出于以下几种目的：其一是为了迷惑对手，使对方对自己不加防备，以便达到自己的目的；其二是为了给自己留一条退路，这也是为了保全自己，以便再战；其三，则是以谎言为诱饵，探悉对手的意图，这种人是最危险的。

　　西班牙有一句俗语："说一个假的意向，以便了解一个真相。"也许，这些目的有的可能不能算大恶，但作为口是心非者，其说谎或作伪的害处却是很大的。首先，说谎者永远处于弱势，因为他不得不随时提防被揭露，就像一只伪装成人的猴子一样，他要时刻防备被人抓住尾巴；其次，口是心非者最容易失去合作者，因为他对别人不信任、不真诚，别人也就以其人之道还治其人之身；最后，也就是最重要的一点，口是心非者终将失去他人的信任。

好斗的人

我们有时会碰到这样一种人，他们总是喜欢不遗余力地攻击和指责别人，或散布一些流言蜚语，或造谣中伤，或出言不逊地辱骂，等等。在这种情况下，要不要针锋相对地予以回击呢？

对此，在考虑和选择自己的行为方式时，应该注意以下几个问题。

首先，应弄清楚你所遇到的是不是真正的攻击。下面几种情况很容易被误认为是攻击。

1.由于对某种事物持有不同的看法，对方提出了比较强硬的质疑或反对意见。此时，如果你能够给予必要的解释和说明，矛盾很可能会得到很好的解决。

2.由于自己对某事处理不当，而对方在利益受损的情况下表示不满，提出抗议。如果的确是因为自己处理不当，或虽并非失误，但确有不完善之处，而对方又言之有理。那么，尽管对方在态度和方式上有出格的地方，也不能看成是攻击。

3.由于某种误解，致使他人发脾气或出言不逊。在这种情况下，只要耐心地、心平气和地把问题加以澄清，矛盾自然也会解决。如果忽视了去判别与区分真假攻击的不同，往往会铸成大错。

其次，即便你完全能够确定他人在对你进行恶意攻击，也不必统统地给予回击。在与其交往中，对付恶意攻击最好的方式莫过于不理睬他。

如果你不理睬他，他仍不放松，那也不必对着干，因为这样恰恰正中他人下怀。所以在这种时候，你应果断地甩袖而去。

最后，还应注意以下要点。

1.给对方一点时间，让对方把火发出来。

2.对方说到一定程度时，打断对方的话，随便用哪种方式都行，不必客气。

3.如果可能，设法让其坐下来，使他不那么好斗。

4.以明确的语言阐述自己的看法。

5.避免与对方抬杠或贬低对方。

6.如果需要并且可能，休息一下再和他私下解决问题。

7.在强硬后做一点友好的表示。

爱传谣的人

你听说过"长舌妇"这个词吗？指的就是那些制造和传播"八卦新闻"的人，那些喜欢造谣和传谣的人。

请你检视一下身边的朋友和同事，看看有没有喜欢到处传话的人，假如有，那么，在这类人面前时，你说话和办事都要非常小心，要不然你就有可能遭殃。如果你结识了喜欢打小报告、乐于传播小道消息的朋友，那么，你最好还是赶紧躲得远远的。如果沾上了这种人，就相当于跟是非沾上了边儿。

"长舌朋友"的可怕之处在于，他们的"长舌"时机是有选择的，他们传谣的目的就是谋取好处，甚至从你的被伤害中谋得利益。

通常，我们在朋友面前说话办事都会少很多顾忌，而且，我们往往会认为所有的朋友都是不会乱说话、不爱传话的人，于是，心里就更不设防了。只是，当你跟朋友们吃饭喝酒，两杯下肚，把心里话都倒了出来时，是否想过：如果你的心里话涉及他的个人利益，他是不是有可能偶尔"说东道西"一次，以达到自己的目的呢？

因此，当你遇到"长舌朋友"或准"长舌朋友"时，还是少说点日后可能对自己有害的心里话为妙。

任成是一个性格开朗、坦诚的人，对朋友总是敞开心扉，无所不谈。在他刚进入社会参加工作时，有一个同时进入单位的同事，由于他们的性格、志趣和家庭出身等方面的情况都非常类似，于是他们便成了亲密无间的好朋友。

在工作上，每当遇到了什么问题，任成总会和那位朋友一起讨论解决，复杂些的事情他们便会先分工后合作，经常工作到第二天凌晨三四点钟。由于两人的精诚合作，他们创造出了一项又一项优秀的工作业绩，他们两人也都受到了上司的高度重视和好评。

某天晚上，又是只有任成和朋友两个人在办公室里加班，他们又一次在规定的时间里完成了在同行看来"不可能完成的任务"。由于时间太晚了，两人都不想回家，便去了一家酒吧喝酒谈心。在酒精的作用下，毫无戒心的任成向朋友说了自己打算出国深造的想法，准备再工作两年就不干了，到国外去镀镀金。

后来，任成发现上司对自己和朋友的嘉奖不再一视同仁，朋友明显比自己更加受到器重。任成开始有些不解，便找上司谈话，上司却闪烁其词，只是谈了一些公司愿意把锻炼机会更多地留给那些愿意在公司长期服务的员工之类的话。

任成开始反思，很快他就明白了，是平时跟自己亲密无间的朋友向上司"汇报"了自己的私人打算，才使得谨慎的上司对自己的忠诚度产生了不信任。很快，任成在公司中失去了发展的前途，黯然提出辞职，到了另一家公司。

如今的任成学会了在细节上保护自己，不去深入了解别人，主动避开不必要的麻烦；不让别人了解自己的私人生活，时时注意保护自己，话题一旦涉及个人问题就有意避开，办公室成了绝对的"办公"场所。

交朋友是一件愉快的事情，朋友间称兄道弟、推心置腹、惺惺相惜，一方面体现出彼此的尊重和平等，另一方面编织着互相合作的纽带。

因此，大多数人都希望交到更多的朋友，也希望别人能像对待朋友一样对待自己，这是人之常情，出发点和愿望都非常美好。但是，在看清周围朋友的真面目之前，首先要检视一下他是否爱传谣。

永远不要把自己的隐私告诉那些"长舌朋友"，否则，你就好比在自己身边埋下了一颗地雷，没爆炸时风平浪静，但某天一旦被引爆，你就很可能深受其害。

不懂感恩的人

交朋友真的不容易，交个相知一生的朋友就更难了。

对朋友的事我们总是尽心尽力，给朋友的好处我们并不是非得要求回报，但至少希望对方会懂得感恩，你心换我心，真心交真心，也算没白交了一个朋友。然而，这只是我们理想中的想法，现实生活中我们却常常发现，有的人朋友对他的好他记不住，有一点让他感觉不好的地方就耿耿于怀，不是恶语相向，就是翻脸不认人。

在北京某大学任教的年轻老师梁新讲述了他生活中的一段经历。

梁新有一位中学同学刘非，大学毕业后在河北一所中学任教，因志不在此，总觉得对自己的处境不满意，加上恋爱受挫，年近而立时相交多年的女友弃他而去，刘非便给梁新打电话，希望能帮忙在北京找个工作。梁新对同学的处境深表同情，就满口答应下来。他想到自己有个大学同学开了一家广告公司，就向同学询问。人家一听便对他说："老梁，我这里确实需要人，但是你的同学这层关系，一是不知道他能不能胜任，二是在管理上会给我造成诸多不便。"梁新依仗与这位同学关系不错，便大包大揽地说："你放心吧，刘非这个人，我不敢说他能力有多强，但他胜任这份工作没有问题。管理上你该怎么管就怎么管，真有什么事的话还有我呢，老同学就帮个忙吧。"就这样刘非进了这家广告公司工作。

干了一年多以后，刘非积累了一定的经验，便跳槽到另一家公司当上了策划经理。后来，在梁新的撮合下，刘非与梁新认识的一位打字员结了婚，生了孩子。

几年下来，刘非在北京基本站稳了脚跟，房子有了，车子买了，美中不足的是，夫妻感情不是太好，他总是嫌妻子学历低。另外，因为事业上始终没有再进一步，他也总感觉自己的才能没有得到应有的发挥。

感情上的问题也好，事业上的想法也好，这时候刘非应多从自身找原因，他却把怨气都撒到一心帮他的同学梁新身上：入错了行影响自己一辈子，选错了妻子耽误自己一辈子。用刘非自己的话说就是：我这一辈子两件最重要的事都让梁新给耽误了。

两人之间的关系自然就变得越来越僵，梁新也想不到自己付出的真心和努力竟然会获得这样的结果，别提有多么伤心。梁新想，刘非就算不回报我，但至少也应该对我有些感恩之情吧，就算不对我感恩，也不能怪罪于我吧？但面对刘非如今这样的态度，他也无可奈何。

事实上，感恩归根结底还是一种思维方式的问题。像刘非这样的人考虑问题时只会围着自己转，以自我为中心，出发点都是以有利于自己，看自己是不是有赚头为准，是否合情合理他全然不管。

现在，有很多在北京、上海、深圳等发达地区扎根的外地人，有了点基础就想帮助家里人，于是什么侄子、侄女、表弟、表妹等一个接一个地投奔过来。对这些亲戚，你就算再倾力帮忙也总有照顾不到的地方，到最后不管你尽了多大的力、花了多少钱，往往还是以把某些人得罪了而告终。原因何在？因为这些人记住的往往是你最后的"照顾不周"。

不懂感恩的人只记得你的坏处，从不念你的好处，纵使你对他"鸿恩浩荡"，也难抵他对你"恨水一滴"。对于这种人，每个善良的人都应用心提防，一旦发现身边的朋友有这样的苗头，就要留心了。

第三章
几种口是心非

  人的想法、弱点、秘密、策略、内心世界等，都会在人际交往的过程中显露出来，而我们在与人交往时，总会有意无意地揣摩对方的心思，了解对方的为人。这样做既可以更好地处理人与人之间微妙的关系，同时也能更好地保护自己。

故意和自己讨厌的人做朋友

明明大家都知道他们俩合不来，他却很认真地说："我想和他交朋友，我觉得我们好像很合得来。"

这类人通常很好强，不服输，自尊心强，自认为高人一等，若不是如此便会很难受。常会有"工作能力与相貌都不输他""怎能输给他"这类想法，这类人的自尊心与意志都很强烈。

当然，这样的"气"自然而然便会传递给自己所敌视的同事或朋友，双方即使没有针锋相对，相处起来也是不太融洽。

某公司宣传部门，有一位美貌与智慧兼具的张小姐，全公司内无人匹敌。而在营销部门，来了一位公认的美女——工作能力也受到肯定的赵小姐。张小姐的经理甚至还称赞赵小姐，说她"聪慧但不骄傲，而且漂亮，真是难得啊"，使得张小姐的嫉妒心油然升起。

在某次宣传部门全员到齐的聚会上，张小姐若无其事地对经理说："我想和赵小姐做朋友，我们一定可以成为好朋友。"她这么说其实是在试探经理的反应。

而说到她的本意，则是压根儿都不想和赵小姐交朋友。那么她说想和赵小姐交朋友到底是为了什么？

那就是希望直接认识赵小姐，直接掂掂她的斤两，探寻她有什么样的优点、她是哪一种性格，嗅出她的缺点或弱点，进而巧妙地探问。

一旦获得所要的信息，便迫不及待地告诉经理："赵小姐的脸蛋好像是做出来的呢""虽然研究生念的是著名的大学，但本科则是三流的某大学呢"等，将不利于赵小姐的讯息散播出去。

这样一来，张小姐便会认为自己不论美貌还是智慧都优于赵小姐，自尊心得到了极大满足。

这样的人，要如何对待才好？如果你是张小姐的上司，那么对张小姐值得赞赏的地方应该给予赞赏，但当她对他人作出不好的评价并想要征求你的认同时，应避免一不小心就附和她。

即使她想要征求你的认同而对他人作出不好的评价，你也要表达不同的意见，甚至如果嗅到了嫉妒的味道，还是表示坚决的否定比较妥当。

对事物的评价一日数变

对于人或者事物经常改变其评价的人，不可以信赖。

"我告诉你，我告诉你，C 小姐是个很不错的人喔。我跟她虽然只见过一次面，但觉得意气相投呢。她是个很好的人喔，如果你也可以跟她交朋友就好了。"听 A 小姐这么强力推荐，B 小姐勉为其难地来到咖啡厅和 C 小姐见了面。B 小姐当时并不特别觉得 C 小姐有那么好。

过了一阵子，B 小姐问 A 小姐："之后有经常和 C 小姐见面吗？"得到的回答却是："啊，C 小姐啊。那个人，我没办法和她交朋友，她的个性有点奇怪。现在已经不跟她碰面了。"她的观感有了一百八十度的转变。A 小姐心中已经没有 C 小姐这个人了，令 B 小姐相当惊讶。

像 A 小姐这种类型的人，对于仅见过一次面、闲聊过几句的人，便会轻易地给予好的评价。也就是说，她只作表面的判断，对于第三者的评价也会照单全收，而且还轻易地将这样的观感推销给别人。

这种类型的人其实还相当多。

比如，她不厌其烦地向你推荐某某保健品，当你信以为真花大价钱买了之后，下次见面时她却说："啊，那个东西啊，其实不太好呢。"这时，你的额头不出现一片阴影才怪。

还不只如此。"我告诉你另一个比那个更好的东西喔。"她又厚着脸皮开始推荐其他的东西，对于自己推荐了不好的东西给别人，她竟然没有丝毫的愧疚感。

像这样对于人、事、物的评价很善变的人，通常有两种类型。一种是单纯的老好人，很容易相信别人或事物；另一种则是有所企图或怀抱着复杂想法的人，总是喜欢夸大其词地说"她是个不错的人""这个东西很不错喔"。

不论是哪一种类型，如果你的身边恰好就有这样的人，当他向你推荐什么事物时，不要一下子就全盘接受，而是要多花一些时间之后再作判断。这样比较稳妥，也可免去日后的麻烦。

提议的人最后却变卦

公司内的同事或者学生时代的朋友要举办聚会时，总会有一两个人会给出"可以去的话就去"这种模棱两可的回答。

如果只是一次那还好，如果总是这样的话，那么这个人就不值得信赖了。更有甚者，最终提议的人最后却变卦，这更证明了这个人不但薄情，而且根本没有把他人当回事。

甲给分别了十年的中学时期的同班同学乙打电话。甲在深圳工作，乙在成都工作，他们两人都已经结婚了。

在聊得正起劲的时候，甲突然说："对了，好久没有办同学会了，我也想见见你呢。"

当乙回答："是啊，好久没办了呢。"甲便说："我马上联络丙，他就在我们深圳华侨城工作，对同学们的情况也很清楚，现在也有空闲，我会和他一起组织。"

过了三个月，就在乙已经忘了这回事时，同学会的邀请函来了。虽然不怎么特别想见昔日同学，但因为前一阵子和甲谈论过此事，于是乙便决定参加了。

当乙风尘仆仆地到了深圳，赶到同学会的会场时，却不见甲的身影。

找到了主办人丙，问他怎么没有看到甲，却听他说："因为甲提议，所以就决定办同学会了，甲却说要和家人去马来西亚旅行，不能出席。"

实际上像这样提出要办同学会或者朋友聚会的人最后却变卦的例子，还是相当多的。像这般没有责任感、做事草率的人，就不要轻易地相信他，这样就不会被他耍得团团转。如果你打算相信他，也要附带条件，比如说"如果你负起责任的话"，让他负起责任，这样应该就行了。

表示聚会"能去就去"的人，会令主办人相当困扰。例如订餐时需要确定人数，老实的人还真的会伤脑筋要不要将他列入参加聚会的人当中。

一个成熟的人，是不会做这样的回答的。总是以"能去就去"这类方式回答的人，到底是什么样的人呢？

　　一种是薄情的人。比方说同学聚会，有的人是大老远千方百计都要参加，而薄情的人则是满不在乎地以"能去就去"这类方式回答。如果是少数人的聚会，他也一样不会在乎其他人的想法，一副"要不要参加都无所谓"的态度。

　　另一种是不想花钱的人，也会以这样的方式回答。那么，经常以这样的方式回应的人，应该如何应对才好？一开始就不要将他列入参会人当中，或者坚持请他清楚地回答是参加还是不参加。还可以以会费制的方式将他列入参会人当中，如果届时缺席了，还是要向他收取费用。这样一来，下次再有类似的聚会，他应该就会认真回答了。基本上这类型的人是薄情且小气的，一旦知道事后还是会被要求交费，只要他回复要出席，那么就一定会出席。

喜欢散播"悄悄话"

　　"因为你没有说不能说啊，所以我就说出去了。"找这种借口的人也不能信任。

　　在和别人聊天的时候，通常不会一一表明这是秘密、那不是秘密。而聆听的人，通常也不会在问过"这是不能说的秘密吗？还是可以跟别人说"之后，才知道该不该说。

　　"我告诉你，昨天，经理注视着我的眼睛说'我也差不多该讨老婆了'呢。"

"唉！这是秘密吗？结果怎样？他有猛烈追求你吗？"

"嗯，这是秘密。之后他约我，要不要好好去休息一下。"

"唉，他约你上旅馆吗？这也是秘密吗？"

"喔，他希望我嫁给他，这是秘密；他约我去旅馆，这不是秘密，说出去也没有关系。"

像这样一个一个去区分哪些是秘密，哪些不是秘密，这样的谈话不是挺麻烦且无趣吗？

人就算没办法从言语当中理解，但从当时的谈话方式、话题的展开、对方的表情、态度等，应该也可以判别出哪些是秘密，哪些是说出去也没关系的。

当因为将不能说的事情给说出去而受到指责时，却推说"因为你没有说不能说出去，所以我才说的啊"的人，不是个性不好便是缺乏常识，像这种类型的人还真是不少。怎么面对这样的人呢？

这种类型的人，即使责备他说："都说这是秘密了，怎么还跟别人说呢？"他还是不会有所改变的，因为他根本不认为自己做了什么不好的事情。所以，期待他守口如瓶是很困难的。所以，不要与这样的人多说话为好。

强求别人应邀

在社交场合，有很多人喜欢用强迫的方式邀请别人，别人明明不愿意，他们仍然坚持邀请。其实，他们忽略了拒绝者的想法和立场。

这种人面对对方拒绝时，会一再重申自己的意见，以为如此对方就不会再拒绝。观察这些不顾对方推辞仍一再邀请的人，可推测其大概有四种想法。

1.把对方的拒绝看成客套。

这时，邀请人就会继续对对方说："你不必这么客气嘛！"对方如果再次拒绝，他仍要求："我看你真是太客气了，现在已经下班了，你就轻松一点，不必这么认真嘛！"一再表现他"推己及人"之心。

2.主观地认为对方如果拒绝，就等于断绝了他们之间的关系。

所以当对方推辞时，他们会觉得很失望，认为对方太不给面子了。这种人遭到对方拒绝时，则会表示："我诚心地邀请你，你却一再拒绝，真是太不够意思了！"

这种人试图勉强对方，当对方推脱说："你实在有所不知，我已经和太太约好了，所以真的没空来！"邀请人仍不放弃，还故意讽刺他说："我看你是怕太太吧！"以话中有话的方式来刺激对方。甚至邀请者还会联想：就是他太太在破坏我们两个人之间的感情。

3.邀请人一个人玩乐时，会觉得寂寞而缺乏勇气，所以邀请的对象都是固定的。

由于邀请人和被邀请人有共同玩乐的经验，且认为两个人做搭档天衣无缝，所以就想勉强两个人同乐借以壮胆。换句话说，邀请人是过度依赖对方，因为无法独自取乐而勉强对方。

4.邀请人希望对方满足其虚荣心，听他炫耀，或让他宣泄心中不满或恼怒的情绪。

只要仔细分析邀请人的动机，就可以了解对方为什么会有这种强迫行为。这类人希望自己邀请的对象能满足自己的某些欲望，所以完全忽略了别人的感受。

言必称"绝对"

20 世纪上半叶，人们还认定"人类绝对不可能登上月球"，没想到后来我们目睹了航天员在月球上行走的情景。

"绝对"的含义原本是强调某件事可能或不可能发生的极端程度。在日常生活中，人们使用"绝对"所表达的意思，却减轻了其原来所具有的强烈程度。

比如，生活中，我们经常会听到有人不假思索地说，"一看就知道这个人绝对不是好人"。另外，在工作场所，我们也常听到人们动不动就说："我认为绝对只有这个办法可行……"

有种人的绰号就可以叫"绝对先生"。其实，根本没有人相信他的"绝对"，因为每每他的绝对总会被其他人想出的办法推翻。

经常爱说"绝对"的人，大半都有一种保护自己的倾向，一旦自己的过失遭到别人纠正或指责，为了掩饰自己内心的不安，他就会想办法保护自己，利用"绝对只有这个办法"的说法，企图使自己的行为合理化。

基于此，我们就可明了，这种人之所以有"绝对"这种想法，不过是在坦白地告诉别人："我的能力仅止于此，所以除此法外别无他法。"由于这种人的想法都是以自我为中心，所以他们只能依自己主观、狭隘的视野，得出一些不适用的想法，而且通常不会产生很大的效果。

由于这类人无法站在别人的立场为他人设想，一切的想法都是独断的、自我的，所以这种人可以说是目中无人的傲慢人物。

此外，使用"绝对"除可作为其爱自己的证明或防卫性的借口外，也可作为自己有过错时的挡箭牌。例如，"从今以后我绝不再犯"，借立誓使自己免受伤害。但这种人的"绝对"是靠不住的，因为他们十分清楚自己绝不可能不再犯，为了掩饰自己的这种"自知之明"，所以才在不知不觉中又说了"绝对"。

动辄抱怨是心理幼稚的表现

我们常可听到，有人抱怨说："××对我实在是太冷淡了。"实际上我们自己在与××交往时，他有时候确有地方如他人所言——冷酷而无人情味，但多数时候不是个冷淡的人。

那么，为什么会产生这种误会呢？

抱怨者之所以批评对方过于冷淡，实因他对对方存有过度的期望，一旦对方与自己预期的状况不符，无法满足自己的期望时，就会成为其埋怨对方冷淡的理由。由此可知，抱怨者的这种要求，只是希望对方凡事以自己为重心，换句话说，就是抱怨者希望对方对自己有所重视的依赖心理。

通常，公司大部分的职员，都会为爱管下属私事的上司冠上"温暖人物"之名，虽然是一种讥讽，但也反映出大部分上班族之间彼此冷漠的情形。有些上司为了满足职员们的期望，当下属到了适婚年龄时，还积极替他们物色对象，自愿充当媒人。虽说这完全是照顾下属的一片好意，但受到这种"礼遇"的职员，其心里又会做何感想呢？

经常抱怨别人过于冷淡的职员，通常他的事均由父母准备妥当了，所以他们也已习惯于依赖别人。现在既然主管如此关心他们的婚姻，他们自然也就有一种期待之心。但反过来说，他们将自己的家庭与工作环境混淆了，把自己家中的行为带入了现实的工作关系中。

这些职员通常想借此表现其依赖心，并消除独身的寂寞，一旦上司的照顾无法满足他的期待时，就会反过来指责上司"太过冷淡"。

还有一种人，虽不会要求别人事事为自己准备完善，但因其刚进入社会不久，感觉寂寞之余，就会产生无人可依靠的空虚感。例如，两三人结伴到小吃店或酒吧吃饭喝酒，当对方无法体会他这种孤单心理而没有热情地道别时，他就会说"你太冷淡了"；而且，往往认为"你是我的好朋友，却对我如此冷淡"。这种人很容易把他人视为亲密的对象，甚至不考虑对方的想法就对其抱怨，毫不体谅对方的立场。

由于有了这种幼稚的心理，就常常会认为对方如果是自己的好友，就应对自己多表示一些友爱或关心，才能维系彼此的友谊。其实，这种心理源于害怕寂寞，所以才用这种话来为自己辩解。

常说"过去算了"

朋友间即使关系再亲密，也可能会有摩擦与冲突。在这种情况下，有的人往往不仔细反省、检讨事情的经过，以探究失和的原因，却总是简单地说："哎呀！上次的事情过去也就算了，不要再提它"，或声称"我们可以从头再来"，这并不能真正解决彼此的冲突。

另一种提议和好的人，是由于内心愧疚、有罪恶感，觉得自己理亏，所以才先向对方低头，提议"过去的事就让它烟消云散吧"。

当然，如果对方已先提出和好的建议，另一方虽然内心仍难免稍存芥蒂，也会因此豁然开朗，深觉对方是个有气度的人而对他抱有好感。

此外，同一单位工作的同事、情侣或夫妻，也往往会因微不足道的小误会而产生摩擦，但若因此心中长存怨恨的话，彼此之间的关系就会趋于恶化。

所以，要改善这种暂时的冷淡关系，"既往不咎"是非常重要的。不记恨过去的事，才有希望言归于好。

而常把"过去了就算了"或"重新再来"这类话挂在嘴边的人，到底是抱着何种心态呢？既然这种人惯说这些话，可知他们常会引起纠纷。生存于人际关系复杂的社会，难免会与人发生纠纷，问题是这种人为了调整暂时被破坏的人际关系所采用的"过去算了"这类的方式却有待商榷。

他们草率地使用这类解决问题的方式，却忽略心中仍存在的更难解开的心结，表面上看起来他们似乎恢复了与对方的关系，而且也已不念旧恶，双方呈现平静的心境。但人真能如此轻易地既往不咎吗？

一个人如果真的完全不在乎过去的纠纷，他就不会再说"过去了就算了"这类的话，只要他说出这种话，就表示心中还介意这件事，才会刻意说出这种话来掩饰。

根据这一点，我们可看出，这个人所说的话，并非为对方而说，而是为自己说的。换句话说，此人内心中仍存有愤怒、憎恶、反感。为避免这种冲动让人发觉，为了隐藏这种恐惧和不安，所以他才会动不动就说"过去的事就不要再提了"这种话，而这种行为正表现出他极力压抑的心理。

乱用这些话的人，代表他常常压抑自己的情绪，虽然他本人也许未曾意识到，但这种抑制的能量，会在无意识中累积，一旦累积的力量逐渐增强，就会化为怨恨的情感而爆发。因此我们要充分认识这种人的心态。

即使再良好的人际关系，也难免会因误会或意见不同而破裂，只要设法了解彼此的真正想法，尊重对方的意见，则不仅可化解误会，更可增进彼此关系。

脸孔没有现实感的人

什么是没有现实感的脸孔？就是活了几十年，却没有一般人应有的辛苦、努力与体验所交织成的脸孔。岁月好像在他们脸上没有留下过多的痕迹。

这种类型的脸孔，经常可以在文体明星、家族企业接班人等人身上看到。

为什么他们会有这种没有现实感的脸孔？是因为他们虽一路努力向上，却没有吃太多的苦便获得了高学历或较高的地位，并拥有不错的社会评价。人性上的历练少，所以表情也少。

以"富二代"的情况来说，他们的一生都有良好的物质生活保障，不需要太辛苦就可以获得各种生活所需，所以有些人才会在感情或者情绪上有所欠缺。有一些人成为企业家，继承了优良的传统，除了生意做得好，还热心公益。但也有一部分人变得不学无术、薄情寡义。这类人既有社会地位，外表看起来也是个正派的人，有时候却会做出令人意想不到的事情，也有着即使背叛别人也毫不在意的冷酷无情。

例如，抛弃妻子儿女而转向其他女人。这类型的人的脸孔容易给人爽朗的错觉，但又比较轻浮，不厚重，这就不能不注意。如果是十几岁的人那没话说，如果到了三十几岁、四十几岁，看起来都还是那么轻浮或轻狂的话，实际上就是所谓的没有现实感的脸孔，要十分小心。

与有着与年龄不相符的、没有现实感脸孔的人交往不要太过亲密比较恰当。因为他们欠缺人情味，或者在故意压抑自己的情感，你对他的期待也只会落空而已。

第四章
非必要不谎言

　　尽管骗子很懂得心理学，又很会演戏，巧舌如簧，能把稻草说成金条，伪装得几乎滴水不漏。但是，假的毕竟是假的，只要你注意观察、细加分辨，就会发现，即使是他们精心编织的谎言，仍有大量的破绽和堵不完的漏洞。

说谎是弱者的策略

说谎是弱者的策略。强者则敢于面对现实，讲出真相。因此，一个需要掩饰的人，其内心亦有软弱之处。

假如一个人具有较强的洞察力，随时能够判断什么事应当公开做，什么事应当秘密做，什么事应当若明若暗地做，而且深刻地了解这一切的分寸和界限，那么这种人是有智谋的。对于一个不具备这种洞察力的人来说，那么他就不得不经常依靠诈术来欺人。

欺人之术有三种。第一种是刻意的沉默。沉默就使别人无法得到探悉秘密的机会。第二种是消极地掩饰。也就是说，只暴露事情中真实的某一方面，却掩盖真相中更重要的那些部分。第三种是积极地掩饰。即故意设置假相，掩盖真相。经验表明，那些非刻意、无心机的善于沉默的人，常能获得别人的信任。因为沉默者往往有机会听到最多的真相，因为没有谁会愿意对一个"长舌人"披露内心的隐秘。这一点要区别开来。

善于沉默的人，往往显得有尊严。所以说，善于沉默是一种修养。我们可以发现，那些"长舌人"都是空虚可厌的人物。他们不但议论知道的事情，还会议论所不了解的事情。还应当注意，在观察人的时候，最巧妙的莫过于注视他的嘴部线条，表情是内心的显露，其引人注意和取得信任的力量甚至超过语言。

装假有时是必要的，尤其在一个人对某事知情，却又不得不保持沉默的时候。因为对一个可能了解内情者，其他关心这件事情的人会提出各种问题，设法诱使他开口。许多人之所以委婉地一笔带过，有时正是为了保持必要的沉默。

说谎会带来很多麻烦，而且最终势必会失去他人的信任。因此，比较明智的做法就是努力维护正直真诚的名誉，养成善于保持沉默的作风，掌握保守秘密的适当分寸。

解除说谎者心中的武装

正在说谎或试图说谎的人，他们的心里会先武装起来。如何使他除去武装，就是关键所在。如果这时你正面跟他冲突，他会强词夺理地对你反击。

例如，你对说谎者说："你有什么话干脆直说好了，不用跟我兜圈子撒谎。"这样去攻击他，是不会产生任何效果的。我们应该在对方有些动摇的时候，找出他的弱点去说服他。不过，如果对方硬要坚持他的谎话，那么这一招就不管用了。这个时候，我们要另想办法使他解除武装。我们可以暂且不去理会他说话的内容真实与否，只要把重点放在如何使他解除心中的武装就行了。

这个道理就跟闭得紧紧的海蚌一样，你越急着把它打开，它就闭得越紧。如果暂时不去理会它，它就会解除心中的戒备，一会儿就自然地打开了。

那么究竟要怎样才能使对方解除心中的武装呢？

1.要使对方有安全感。

如果对方是为了保护自己而说谎，我们最好这样说："你把实话说出来。不要紧，事情不会很严重的。"

这样一来，他就会认为他的处境已经很安全，不会顾忌说出实话会有什么不良后果。所以在这种情况下，想要叫他说出实话就不困难了。

要使对方产生安全感，首先要使他对你产生信赖，他对你产生信赖之后，才会对你吐出真言。

信赖 — 安全 — 自白。

利用循循善诱的方法去套取对方的自白，要比使用强硬逼供的手段更容易达到目的。当然，如果你只是装出笑容来讨好对方，那对方就不会怕你了。我们要做到让对方认为"我实在不敢对这种人说谎"才行。简单地说，我们要运用技巧，使对方因为你的影响而把实话完全吐露出来。

还有一种技巧跟刚才所提到的完全相反，那就是故意把自己装成很容易相信人的样子，使对方对你没有戒心而很自然地把心里的话说出来。

换句话说，就是让对方产生优越感，使他在得意放松之际，无意中露出马脚。这种方法用来对付傲慢的人是最好不过的了。

据说美国的律师在法院开庭审案的时候，也常会反复地运用这种方法。不过如果太明显的话，就会留下漏洞，无法达到目的。

2.要追根究底。

这种方法和前面所说的方法完全相反。追根究底，有时也能使对方解除心中的武装。假如对方仍有辩白的余地，他会坚持到底，因此只有在他被逼得无法再为自己辩解的时候，他才会自动解除武装、说出实话。

洛克希德贿赂案中许多有力的证人，在最后终于说出了真相，主要的原因是他们被逮捕之后，办案人员利用追根究底的方法使他们说出了实情。由此可知，没有约束的交谈，远比追根究底的方法差。

3.攻其不备。

不管是多么高明的说谎者，如果遇到突然而来的问责，也会惊慌失措，不得不投降。

一位资深律师曾经说道："在询问一个决定性的问题时，不要马上询问证人，而是等他回到证人席之后，再突然请他回来，重新询问，这是最有效的方法……"

《孙子兵法》里也说过："攻其不备，出其不意。""使其不御，则攻其虚。"

在对方没有防备的情况下，我们乘虚而入，对方自然就会放下武器投降了。

谎言的本质是欺骗

谎言可能有一千张面孔，但它只有一个身躯：欺骗。要摆脱受它欺骗的局面，唯一有效的办法就是撕开其伪装的面孔，让它真实的面目暴露出来。

现代社会，困扰我们的谎言更是五花八门、千奇百怪，商人们千方百计、绞尽脑汁地不断编造出新的谎言招揽顾客，我们稍有不慎，便会落入他们的圈套。轻者吃亏上当，买回物不称价的商品，重者可能会蒙受巨大的经济损失。

由于这些谎言变化多端，我们不可能在这里一一列举进行剖析，只能简单地列举以下两种对其抽丝剥茧。

1.冒名冒牌，鱼目混珠。

东京的迪士尼乐园，自1983年开业以来，很受人们欢迎，不但全国各地都有人来此游玩，而且还吸引了不少国外人士来此观光。可是这个东京迪士尼乐园的确切地址是在千叶县，因此准确地说应叫"千叶县迪士尼乐园"。

但是，真用"千叶县迪士尼乐园"这个名称的话，来此游玩的旅客会减少许多。因为游客看到这个名称便立刻会得出两条结论：首先这个游乐园离东京一定很远，去观光多有不便；其次，这个处在千叶县的游乐园可能是乡下人搞的，设备和环境也一定不太理想。但现在命名为东京迪士尼乐园，人们就会因"东京"这个名称而理所当然地断定：这个乐园离东京一定很近，而且设备和环境肯定都是一流的。

这种假借名称，使人发生误会的例子最多的是广告。

著名的女影星为香水、化妆品做广告，就让人们产生这样的推论：女影星之所以如此漂亮，富有魅力，就是因为用了那种牌子的香水或化妆品；反之，用那牌子的香水和化妆品也会像女影星那么漂亮，那么富有魅力。

在某种食品上冠以"宫廷""御用"等字样，人们就会产生这样的错觉：既然是宫廷里的食品，质量一定是最好的；只有皇帝才能享用的食品，我享用了，说明我的地位也非同凡响。

事实上呢？那些香水、化妆品同女影星唯一的关系可能只是生产厂家通过广告公司付给女影星的一笔巨额报酬而已。那些食品呢？压根儿就和皇宫御用沾不上边。即使是皇宫御用又怎样呢？就拿西湖龙井茶来说吧，过去在进贡朝廷时，只是狮峰山上几十株树所采的茶叶才成为贡品，如今是整个狮峰山上数万株茶树所产茶叶都叫龙井，与当年的贡茶又有多少联系呢?更何况还有许多外地的茶商偷偷地用龙井茶叶的包装，盗用其名倾销各地，如果说龙井村的茶叶与贡茶多少有点关联，好歹还名副其实，但那些冒名的龙井简直就天差地别了。

对这些冒名的东西，我们绝不要被它所冠的那些名号所蒙蔽。不论它是美国口香糖还是英国巧克力；也不管是天王巨星饮用的啤酒，还是皇帝、太后吃的点心，我们只看它自身品质的好坏，而不必理睬其牌号名头。如此一来，它就骗不了我们。

2.装神弄鬼，制造抢购假象。

我们大多数人都有好贪便宜怕吃亏的心理，商人们就抓住了我们的这种心理强制推销他们的商品，等我们把它们买回家去，往往发现，它们除了堆墙角外，很少能派上真正的用场。

比如我们常看到这样一些广告，"三日之内，本商品五折销售，欲购者从速"，"只限于最先购买的五十个幸运者"，"从下午一点至一点半，本店为你特别服务"，"买××牌洗发精，赠××牌香皂一块，五千块香皂，赠完为止，机不可失"。这种限定时间、限定销量的广告宣传，的确很好地抓住了人们的心理弱点。

我们也常常看到这样的情况，当你单给一名儿童糖果吃时，他可能会使劲摇头表示不要，但若在旁边的其他儿童都要，这位儿童必定会伸手讨取，儿童的这种心理倾向到了成年后也不会消失。

如果是随处可见、随时可买到的物品，人们绝不会产生强烈的购买欲；如果在数量上加以限制，就会有人抢购。看到其他顾客抢购，自己不买的话，就会觉得吃亏，这时候，即使是价格极昂贵的东西，大家也会倾囊而出，大肆抢购。

另一种强制推销的方式是制造合理的廉价原因。常言道："便宜没好货。"人们对于极其廉价的商品往往怀有戒备心。因为"这么廉价的商品一定有某种缺陷"的观念早已根深蒂固。如果某种商品并非因为质量问题而降价，其廉价原因是合理的，且能令人信服，则同样能吸引大批顾客前往抢购。

我们经常在大街上看到："工厂倒闭，产品处理""拆迁大拍卖""清仓大拍卖"等宣传话语。的确，这些商品很便宜，而且便宜的理由也并非质量不好。于是对于顾客而言就认为自己不是买价廉的次品，而是赶上了买便宜货的好机会，因为工厂倒闭，产品的确需要处理；拆迁商场存货真的会甩卖；换季后的服装价格比刚上市的服装价格要低许多。消费者只顾着为自己找理由参与抢购，待东西买回家后，才发现价格并不低，质量更成问题。此时，后悔也晚了。

俗话说："贪贱买穷。"花大量的钱买便宜而不实用的商品是消费观念不成熟的表现，被"抢购"谎言所蒙蔽而买不需要的商品，更是幼稚的举动。

对这一类谎言，顾客立即想到的应该是自己的需要，而不是那诱人的低价或再不买就没有了的担忧，前者才是你购买商品的目的，后者只是商人设下的骗局。要识破他这个骗局，就得抱定这样一种信念：如果我并不需要这种商品，即使白送也坚决不要。这样一来，任何谎言都无法掏空你的钱包。

好话背后有企图

一个人只要有点小权或有钱，他身边常会有一些拍马逢迎的人出现，"贫在闹市无人问，富在深山有远亲"。他们的目的无非是要攀龙附凤，借你的权力或金钱之便，为自己谋取好处或发财的机会。有的更是借此招摇、敛财、敲诈等，不一而足。

陈小姐快四十岁了，还没有结婚。一次，她乘火车去看望姑母，这时候走过来一位英俊的中年男子，他指着陈小姐旁边的空位很有礼貌地问："对不起，请问这儿有人吗？"

陈小姐摇摇头，说了声"请"。这位先生便坐下来，非常爽朗地自我介绍道："我叫李胜文，是深圳的律师，很高兴认识你。"

陈小姐朝他友好地点了点头。过了一会儿，李先生转过脸来仔细地打量着陈小姐，很惊讶地叫了一声："天哪，怎么会这么巧，我们又见面了！"

陈小姐吃惊地望着李先生很久，脸上布满疑惑："对不起，你肯定是认错人了。"

"不，我没有认错，你还记得去年夏天在北海海滨浴场吗？"

陈小姐摇摇头："我没有去过北海。"

"你怎么会忘记呢？当时你在北海浴场可真开心呢，你那么漂亮、迷人，我们好几位男士都被你迷住了，差点儿还为你打架呢。"

"这是真的吗？"陈小姐忍不住问自己。是的，她曾经梦想过自己要去北海海滨度假，可是一直没有成行。

"你真的一点都不记得了吗？当时你穿了一件浅绿色的游泳衣，上面还绣着几朵小绒花，真是太漂亮了。"

陈小姐的确喜欢绿色衣物及丝绒花，今天她还穿着一件绿衬衣呢，领尖上分别绣着两朵绒花。不过，不细心的人是看不出来的。

"说真的，北海的牡蛎可真是不错，你吃牡蛎的样子可真够优雅的……"

李先生继续追述着去年他们在北海海滨的故事，陈小姐渐渐相信了他所讲的故事，还不时指出李先生讲述中不准确的地方。

接着，他们谈到了彼此职业生涯中的许多趣事，李先生的故事一次又一次地让陈小姐发出欢快的笑声。他们谈笑风生，在外人看来，他们已然是一对多年的老相识了。

车到广州站，李先生告辞下车，两人互留了电话号码。陈小姐一直目送他走出月台。

列车从广州站开出后，列车员走过来验票，陈小姐一摸口袋，大惊失色，她装有五千多港币的小包里空空如也，手机也不见踪影了。

列车员问清情况后，叫来了乘警。乘警把一本厚厚的照片簿摊开到陈小姐面前："这是一些经常在我们列车上进行诈骗和偷盗的人的档案，你看能找出那个可恶的家伙吗？"

陈小姐打开照片簿，一页页翻动着，其中一张照片上的先生和李先生实在太像了……

这个故事再一次向我们说明：谎言说多了就容易让人信以为真。那个骗子李先生一遍又一遍对陈小姐进行攻心战术，描述那次子虚乌有的北海海滨之行，让陈小姐在不断重复与强调中掉入幻觉，进而和骗子一道欺骗了自己。

说谎者的小动作

在社交场合中，你也许有机会能看到说谎者。当然，当时你并不知道他在说谎，除非谎言当场被揭穿。然而这种情况很少见，大多数人都是在事后才知道。而在当时你是毫无防备的，也许说谎者惯于此道，让人信以为真，但是总有一些动作显现出他刚才说了谎话，只是你没有留心观察而已。

1.掩嘴。

这是一种明显的孩子气的动作，用拇指触在面颊上，将手遮住嘴的部位称作掩嘴。也许说谎者大脑潜意识中想忍住那些欺诈的语言，而做出了掩嘴这一动作。还有人假装咳嗽来掩饰其捂嘴的动作。如果一个同你谈话的人常伴有掩嘴的动作，说明他也许正在说谎话。可当你讲话时，听者掩着嘴，说明也许听者觉察到你在说谎话。

2.揉眼睛。

说谎者为了防止别人看出其虚假的表情，常用这种动作来掩饰自己。说谎时，男人一般用力揉眼睛。如果说了大谎，他讲话时经常会向别处看，通常会向地板上看，女性说谎时通常会轻揉眼睛稍下的部位。

3.挠脖子。

说谎者讲话时常会不自觉地用写字的那只手的食指挠耳垂下方部位。有趣的是这种动作通常要挠上 5 次左右。

4.摸鼻子。

这种动作是老练、乔装的形式。摸鼻子动作包括在鼻子下方揉几下，或者很快地揉一下，甚至摸鼻子也摸得特别快，几乎不容易察觉到。有一种关于摸鼻子动作产生的解释是：当相反的想法进入脑子时，潜意识就会指令手去掩嘴。然而在掩嘴的最后时刻，为了使动作不明显表现出来，手又能不知不觉地离开面部，快速摸鼻子的动作就这样形成了。

5.搓耳朵。

这种动作常暗示着听者没有听出谎言。搓耳朵的变化形式还包括拉耳朵，这种动作是小孩子双手掩耳动作在成人动作中的一种重现。搓耳的说谎者还会用手拉拉耳垂或将整个耳朵朝前弯曲在耳孔上，后一种动作也是听者厌烦了的表现。

在错综复杂的人际关系中，这几种小动作虽不是判定谎言的直接依据，但是起码能给你识人作为一种参考。

从面部表情看穿谎言

在社会生活中，人们时常利用面部表情来作为掩饰和伪装真实思想感情的"面具"。例如，因违章而受到交警教育的司机，为了避免把事情搞得更糟，往往故作笑脸，表现得服服帖帖；一对正在家中相互赌气的夫妻，一旦有贵客来访，便会立即装出没事的样子，笑脸相迎。由于面部表情动作生物性与社会性的两重性，它既包含了情不自禁的表情，也包含了有意控制的表情。就前者而言，可以看到真实的表情；就后者而言，可以自觉地对面部肌肉加以控制，从而以虚假的表情来干扰真实的表情。

1.可靠肌肉。

许多人虽然不能故意地把嘴角往下拉，但是在觉得悲伤、忧愁的时候，其嘴角却会自动下拉。正因为这一类面部肌肉难以用意志加以控制，所以情绪心理学家将其称为"可靠肌肉"。

"可靠肌肉"的主要活动地点是额头。当人们在悲伤、忧愁、焦虑以及产生负罪感时，面部最引人注意的是额头，其余部分常常没有特殊的表情动作。

当人在害怕、着急、担忧之时，眉毛会奇特地扬起，上眼皮会抬起而且拉紧，扬眉常可以作为感叹和惊奇的信号，或者作为不相信和有所怀疑的信号。

伤心时嘴角下撇，欢快时嘴角提升，委屈时嘴巴微噘，惊讶时嘴巴张开等。其中，生气时最容易辨别的印迹就是嘴唇变薄，即可以看到，嘴唇红色部分会减少，但嘴唇并不会萎缩或压紧。假装生气而导致的嘴唇变薄，往往是故意压紧嘴唇所造成的。

2.瞳孔变化。

瞳孔的大小变化也反映情绪活动的变化。当情绪激动时，瞳孔就会扩大，这种情形是说谎者自己也无法控制的，而且说谎者往往也不会想到要花精力去防止或掩盖这一泄露秘密的印迹。当然，瞳孔扩大只表明情绪激动，究竟是什么样的情绪却不能仅由此得出结论，必须具体情况具体分析。

3.注视方向。

眼睛的注视方向或视线能反映出人的心情和意向。例如，在社交场合，地位不同的人其注视方向就有明显的不同，小人物总是倾向于注视大人物，而大人物则习惯于忽视小人物。比如一个和善顺从的小人物走进会场，他的眼光会先巡视全场，然后盯住那些大人物瞧。每当谈笑、争议或表示个人意见时，小人物的视线总会瞟向大人物，以观察其反应；而大人物在谈话时则往往只注视自己感兴趣的对象。不过在质问时，大人物会直视对方，小人物则往往不敢回以正视，回答时视线不住地往下低垂或望向别处。

在通常情况下，眼睛的注视方向及其停留时间所透露的信息主要有以下几种。

眼对眼的长久凝视只发生于强烈的爱或恨之时，与人交谈时，视线接触对方脸部的时间通常占全部谈话时间的30%~60%。超过这一平均值，常可被认为相较于谈话内容对对方本人更感兴趣；低于此平均值者，则表示对谈话内容和对方本人都不怎么感兴趣。

视线停留在对方两眼与胸部之间的区域，表示亲密注视；视线停留在对方两眼与嘴部之间的区域，为社交注视；视线停留在对方前额与双眼之间的区域，则为旨在营造严肃气氛的注视。

回避对方的视线常表明不愿被对方看穿自己的心理活动，或心虚，或害臊，抑或厌恶、拒绝。

偷偷地看人一眼又不想被发觉，等于是在说："我不敢正视你，但又忍不住想看你。"

歪仰着头并斜着眼睛看人，是一种盛气凌人或满不在乎的表现，其意思等于是说："你算老几?"或者"你能把我怎么样?"

视线闪烁不定或左顾右盼，常产生于内心不稳定或不诚实之时。

眼睛不住地朝地下看，常产生于心情沮丧或悲伤之时。

说到测谎，人们注意最多的是"正视"。人们总是怀疑那些不敢对己正眼相看的人，认为他们必定有某些事情需要加以掩饰。说谎本身就会使说谎者处于一种紧张状态，而视线与对方交汇，看到对方那怀疑、探究的目光，则更会引起心理紧张的加剧，因此说谎者会本能地回避与对方的视线相接触，以降低紧张程度。

4.眨眼频度。

人通常每分钟眨眼 5~8 次。眨眼这个动作是一种自然的反应，此外，当人的情绪产生波动时，眨眼的频率就会明显增加。

因情绪的不同而产生的眨眼方式有连眨、超眨、挤眼等。连眨是指在单位时间内连续眨眼，通常是犹豫不决或考虑不成熟的表现，有时也是竭力抑制激动的表现。超眨是指那种幅度夸张、速度较慢的眨眼动作，它通常用于表示假装惊讶的戏剧性表情，仿佛是在说："我不相信我的眼睛，所以大大地眨一下以擦亮它们，来确定我所看到的是事实。"

挤眼是用一只眼睛给某人使眼色，表示两人之间有某种默契。它所传达的信息是："你和我此刻所拥有的秘密，其他人无从得知。"在社交场合，两个朋友间互挤眼睛，是表示他们对某个问题有共同的感受或看法。

如果眨眼的时候眼皮不是立即回收，而是保持闭上长达 1 秒钟或 1 秒钟以上，就称为闭眼。这种闭眼动作是下意识的，当事人自己很难意识到，它表示厌烦、不感兴趣或藐视等意思，而且不同程度地暗示出当事人高人一等、目中无人的傲慢态度。在社交场合有这种习惯的人，往往是性情高傲或孤芳自赏者。

5.脸色变化。

面颊的颜色会随着情绪的变化而产生相应的变化。其中，最明显的是变红和变白。

人们最常见的面颊变红经常出现在害羞、羞愧或尴尬等情形时。脸红有时也是愤怒的表示，愤怒时，面颊瞬时转为通红而不是由面颊中心慢慢扩散开来。

当愤怒中的人们极力想抑制自己的怒气和克制自己的攻击性冲动时，其面颊肤色会变得苍白，当人们处于惊骇的情绪状态下，面颊肤色也会变得苍白。

面颊颜色的变化是由自主神经系统控制的，是难以人为控制或掩饰的，但也可能他所要隐瞒的正是羞愧或惊恐本身。

6.表情时间。

表情的时间长短也可反映出说谎的印迹。它具体包括以下三个方面：表情的停顿时间、起始时间（开始表情时所花的时间）和消逝时间（表情消失时所花去的时间）。

停顿时间长的表情很可能都是假的，比如停顿 10 秒钟或 10 秒钟以上的时间，甚至是停顿 5 秒钟时间的表情也可能是不真实的。除了那种极其强烈的情绪感受之外，如欣喜若狂、勃然大怒、悲痛欲绝等，自然的表情都不会超过 4~5 秒；而且，即使是非常激动的情绪，其表情也不可能持续太久，而是一阵阵地、短暂地出现，只有象征性表情和嘲弄式表情是长时间存在着的。

起始时间和消逝时间，其长短是没有固定标准可言的，如果惊讶的表情是真的，则可能起始时间、停顿时间与消逝时间都很短，加起来还不到 1 秒。如果惊讶表情的时间很长的话，就有三种可能性：一是嘲弄式惊讶，即故意装出惊讶的表情来嘲弄对方；二是装出惊讶，即没有受惊却故意摆出惊讶的样子来；三是象征性惊讶。虽然大多数人都知道怎样装出惊讶的表情，但是装得极像者非常少，因为自然的惊讶表情起始时间与消逝时间都很短。

察言观色识破谎言

通过察言观色可以判断一个人说的是谎话还是实话。

日常生活中，就人与人之间的沟通和了解而言，身体语言和自然语言有明显的差异。身体语言常常会在不知不觉中反映出人们最真实的感觉和最内在的需要与渴望，因此仔细观察身体语言，不仅有助于对自然语言的理解，同时还能发现说话者不肯在言谈中直接透露的实情。这种情况的存在为我们越过语言看透说谎者提供了可靠的依据，我们可以透过说谎者身体透露出来的蛛丝马迹去发现说谎者隐藏的目的。

　　说谎的人说话时总是扯开嗓门，慢条斯理，他们还会出现口误，重复句子，改变话题，反复地说"嗯、啊、哼、哈"之类语气词。说谎者也总是避免使用事实，而是更多地用一般的语言，并且常常在谈话中卖关子以减少露馅的可能性。说话的速度也可以提供线索，但是通常是以不同于这个人平常说话的方式出现的。一般说来，着急的、说话快的人在说谎时，由于着急，往往会放慢说话的速度。然而，那些通常不着急的人在说谎时，一般会说得比平时快。

　　人在说谎时很少笑，如果他们笑了，那也是非常勉强的、挤出来的笑。勉强的笑出现得较快，持续的时间也较长，并且以不规则的方式消失。识别假笑的另一种方式是寻找眼睛与嘴巴之间的不协调，因为一个说谎的人无论如何都无法迫使眼睛发笑。

　　手是识别说谎者的一个非常有用的线索，实验表明，那些被要求去表演自己说谎能力的人常急剧地减少了手的动作。认识到这一点是十分重要的，手能够透露多种信息。因此，那些想说谎的人，由于担心自己的手会泄露他在说谎，便往往试图使自己的手保持不动，或者把它们藏起来。在观察手的同时，还要注意说话人在说话时是否不自然地进行自我触摸，如摸鼻子、下巴和嘴巴。通过这种方式，说谎者可以在欺骗跟他说话的人的过程中得到放松，消除紧张。而且，与手势相伴的是，说谎者往往不停地变换姿态。

　　除眼睛外，脸部表情是说谎者最容易作伪的。这给判断一个人是否有诚意时带来了麻烦，因为研究表明，有信任感的听者更多地会注意说话者的脸部及其表情，而不是身体的其他部位。因此，作为一个持怀疑态度的听者，你应该更多地注意说话者的声音、眼睛和手势。

尽管骗子很懂得心理学，又很会演戏，巧舌如簧，能把稻草说成金条，伪装得几乎滴水不漏，但是，假的毕竟是假的，只要你注意观察，细加分辨，就会发现即使是他们精心编织的谎言，仍有大量的破绽和堵不完的漏洞，任他怎么遮掩也遮掩不住。识破谎言的另一个原则就是认清对方的目的，搞清了他的目的，任他变换什么花招，都不至于上当受骗了。

利用证据对付谎言

要使说谎者说出实话，最高明的手法就是拿出有力的证据，尤其是物证。

拿出有力的证据来做武器，是识破谎言最好的手法。不管对方如何狡辩，只要我们有确凿的证据，他就不得不俯首承认。

但更重要的是要懂得如何运用这些证据，如果运用不当，证据也会失去效用。

关于这一点，我们首先要注意的是：时机是否运用得当？如果事情过了很久，我们才拿出证据来印证，那么证据的价值可能就大大地降低了。

如果我们在提出证据之后，还给对方充分的时间去思考，也是不妥当的。因为这样不是又让他获得了一个狡辩的机会吗？

那么，证据要同时提出还是逐项提出来呢？这个问题我们不能一概而论，要看证据的价值及当时的状况来决定。

至于我们掌握的证据究竟有多少，绝不能让对方知道。尤其是当你只有少许证据的时候，更要绝对保密。总之，证据是一种秘密武器，证据越少越要珍惜，否则失败的将是你而不是对方。

不到决定性的时候，不要让对方知道或者显露自己手中的证据。你要一面静听对方的陈述，一面在暗中对照自己手中的证据；同时，也要考虑对方手中证据的真实性，使紧握在手上的证据能运用得恰到好处。

以上所说的方法，到底使用哪一种比较好呢?当然，这要看对方的情况而定了。有时不能只用一种方法，要综合运用多种方法才能收到效果。

我们并不是像警察一样要使犯罪嫌疑人坦白，我们只是想了解在日常生活中要如何透视别人，如何让别人说实话。

如果我们像警察一样，以审问犯罪嫌疑人的方式去对待别人，那是不可取的。关于这一点，我们应该特别注意才是。

从言辞看穿谎言

说谎者较为留意的正是说话时字眼的选择，因为他不可能控制和伪装自己的全部行为细节，他只能掩饰、伪装别人最在意的地方。

由于懂得人们在意的重点是言辞，因此说谎者常常谨慎地选择字眼，对不愿出口的话仔细加以掩饰。他们懂得"一言既出，驷马难追"。

另外，用言辞来捏造事实或隐瞒一件事情是比较容易的。此外，说谎者还可以通过说话而不断地获取反馈信息，以便及时修改自己的"台词"。

1.口误、笔误。

令人十分惊奇的是，很多说谎者都是由于言辞方面的失误而露馅的，他们没能仔细地编造好其想说的话。

即使是十分谨慎的说谎者，也会有失口露馅的时候，弗洛伊德将之称为"口误"。

人们常会在言辞里违逆己意，同时内心也十分矛盾，以致稍一大意就会说出本不想说的或相反的话，从而在口误之中暴露了内心的不诚实。因此，口误的必然情形便是说话者要抑制自己不要提到某件事或不要说出自己所不愿说的东西，但又由于某种原因而"说走了样"。口误可以说是一种自我背叛。

当然，也应注意，许多情况下说谎者并不一定会出现口误。

与口误相近的还有笔误。在很多情况下，笔误也是内心自我的一种表达方式。

有研究表明，人们在书写时比在说话时更容易发生错误，即使在一些极须庄重、严谨的情形下也概莫能外。

面对书写（印刷）上的错误，人们常常难以确定谁是真正的罪魁祸首，尽管当事人多半会以"意外差错"或"技术性错误"等借口来加以解释，但其中往往潜伏着内心冲突甚至"别有用心"。

笔误产生的原因，是由于人们在书写的时候，思绪常常会因为内心潜抑的思潮而游离笔端，或者联想到其他事情，只要稍不注意，这种思想就会悄然侵入笔端，造成笔误。

2.声调。

在判断一个人说话时的情绪和意图时，固然要听他在说些什么，但是在许多情况下更要听他怎样说，亦即从他说话时声音的高低、强弱、起伏、节奏、速度、转折和停顿中领会"言外之意"。

当说谎是为了掩饰恐惧或愤怒之感时，声音通常会比较大也比较高，说话的速度也比较快；当说谎是为了掩饰忧伤的情绪时，声音就会与之相反。那种担心露馅的心理会使声调带有恐惧感；那种"良心责备"的负罪感所产生的声调效果与忧伤所产生的效果极为相似。

不过，声调提高本身并不是说谎的象征，它只是恐惧、愤怒或激动的象征。

与此相应，没有声调提高的迹象也同样并不意味着没有说谎。

3.停顿。

人在说谎的时候，另一常见的言辞印迹便是停顿，如停顿的过于长久或过于频繁。

产生这类说谎印迹的原因主要有两个。其一，说谎者可能事先未准备好"台词"，因而可能会在临场时产生犹豫或错误。其二，即使说谎者已经把"台词"准备得很充分，也可能会由于担心露馅而临时怯场，忘了所编的"台词"；或者由于突发性的意外事件的干扰而产生了情绪波动和思维混乱，一时忘了前后"台词"间的联系。如果是既准备不充分，又怯场，就更容易频繁停顿或犯错误了，而由于听到自己不断出错，说谎者就会更加紧张，生怕别人会揭穿他，这样就会进一步造成不断的停顿和不断的错误了。

语速快慢的心理秘密

虽然，说话的快慢是由本人的气质或性格决定的，这可以说是说话者本身所具有的条件特质。但从心理学的观点看来，问题关键所在，是某人的说话方式突然地异于寻常。那么，在这种情况下，我们应该如何探测对方的心理活动呢？

例如某人平时能言善辩，现在突然结结巴巴地说不出话来；相反的，某人平时说话没有一点要领，东拉西扯，或者是属于木讷型的人，但是现在突然滔滔不绝地说出一大堆话，这时候，我们要注意这两种人到底真正想要表达什么。因为前后的说话方式表现不同，多半事出有因，千万不可等闲视之。

一般说来，如果对于某人心怀不满，或者持有敌意态度，许多人的说话速度就会变得很迟缓，而且稍有木讷的感觉。相反，如果有愧于心，或者有意要撒谎时，说话的速度自然会变快起来，这是人之常情。

有一次，我参加一家电视公司的座谈会，当时有一位评论家说："如果男人带着浮躁的心情回到家里时，大体上都会在妻子面前滔滔不绝地说个不停。"我乍听之下，心里立刻有深得吾心的感觉："你说的一点儿也不错，从心理学的观点说，这是很有道理的。"

因为在正常情况下，一般人的深层心理中，如果怀有不安或恐怖的情绪时，说话的速度会变快。他总希望借着快速的言谈，让自己内心潜伏的不安或恐怖得到解除。这时候，因为没有充实的时间可以冷静地反省或考虑，所以言谈的内容十分空洞，倘若碰到慎重与精明的人，马上就可以看穿他内心的动摇状况。诸如此类的例子，真是多得不胜枚举。

如果有人平时沉默寡言，但在某种状况下，他居然不大自然地能言善辩起来，那么，他内心多半隐藏着某种不能向外人道的秘密，这种猜测不会与事实相差太远。

有一次我跟一家报社的总编辑在电话里交谈，本来，这位总编辑的谈吐向来都是非常缓慢的，但是，这次谈话的语速很急，而且滔滔不绝地说个没完，真是令人疑惑万分。待谈话告一段落之后，我忍不住问他："你今天有点儿奇怪，谈话的速度完全异于往日，这到底怎么回事啊？"对方马上默默不语，隔了一会儿，这位总编辑才吐了一口气说："老实告诉你吧！由于工作调换的关系，我似乎做错了什么事。"对方说完之后，又开始恢复了往常慢吞吞的谈话方式，可惜我在电话里看不见他脸上的表情，否则他说话的表情必然会给我留下深刻的印象。

谎言往往自相矛盾

说谎者要么编造子虚乌有的故事，要么掩盖和篡改事实。如果是掩盖和篡改事实，一遍又一遍地讲述这件事时，难免不犯糊涂。隐瞒要比捏造便利得多，容易得多，一般说谎者更喜欢这种方式。隐瞒时不需要编造什么情节，用不着事先虚构整个故事，不容易被识破。

倘若有个病人患了绝症，医生想隐瞒实情，就得另想办法解释病人的症状，当然这些解释是假的。这样一来，医生就得时时牢记着虚构的解释，要不然过了几天病人问起，就会回答得牛头不对马嘴。

这是因为首先进入记忆的是真实情况，意识和认识将其印入记忆，它们总会一下子浮出脑海，把编造的事实驱赶出去，而后者的根基却没有如此坚实牢固。真实情况由于是先入之见总会使人蓦地回想起来，排斥后来的虚假细节或篡改过的细节。

如果说的完全是子虚乌有的事情，说谎者就没有那么多理由担心走嘴，因为并不存在什么相反的印象与之发生冲突。然而，即便如此，由于完全是自己捏造的，全然没有根基，也很容易忘掉，除非记忆得万无一失。

对此常有些令人发笑的事情成为佐证，而出丑的则是习惯见风使舵的人，这种人的信仰和良知依情况的改变而不同。情况总是不断地变化，因此他们的说法也就各不相同，这些人的见解此一时彼一时，大相径庭，见人说人话，见鬼说鬼话。还有，一不留神就说漏了嘴，这也是常有的事。同一件事能编造出五花八门的说法，什么样的好记性才能记得清啊！

抓住他们的自相矛盾之处，就很容易看透说谎者的内心。

事实上这种方法十分有效，不光只是因为临时遗忘而编造另外的谎言能使人抓住自相矛盾的地方，即使事先有很充裕的时间来准备，说谎的人很谨慎地编造了"台词"，假如他不够机灵的话，便无法预知对方反问的所有问题而仔细想好答案。而且，就算说谎的人很机警，当时的情况有可能也会引出突发事件，本来说辞是可以骗到别人的，一旦发生这种突然的改变，就会令说辞出现漏洞。

第五章

听话听音

    对于心口不一的人，如果仔细观察，就可以发现他有某些不自然之处。因为一方面人容易以言语欺瞒施诈，另一方面却也比较容易从言语中表现出他的情感或心理意向。所以有时需要借助观察言语的种种微妙变化，来琢磨人的情感与心理。

言语变化与心理变化

对于心口不一的人，如果仔细注意观察，就可以发现他有某些不自然之处。因为一方面人容易以言语欺瞒施诈，另一方面言语也容易表现出他的情感或心理意向。所以有时需要借助观察言语的种种微妙变化，来捉摸其情感与心理。

1.恭敬谨慎的措辞与讽刺挖苦。

如果一反常态地说话过于谦卑，或以讥讽的口吻说话，那便是心中蕴含敌意与反感的缘故，这也是一种因敌意、反感而表现出的逆向行为。当人们无法明确地把这些情感表露出来时，无意中就会表现出足以拉开彼此距离的态度，或者掺杂讥讽、挖苦而表露出攻击性。

此时，还应观察其他变化，例如：和善的目光消失，却增加了些许锐利的眼神；笑声不自然，表情也变得生硬。

2.争先说话、辩解。

有种人时常不顾对方未将话说完便抢话说明或辩解，这种人大多较为胆小，不断为心中的愧疚或秘密是否会被揭穿而感到不安与焦躁。唯恐对方产生怀疑，便抢着说话，设立防线来辩解，这是想尽快脱离不安感的心理表现。因此，在怀疑对方有如此心态时，须不露痕迹，即不要显露出你的注意，应随声附和对方的论调，这样能使对方渐渐安心、恢复平静。而特别胆小的人，还可能在其他方面有所变化，如眼神因害怕而闪烁不定，言谈举止也会变得慌张失措等。

3.猥亵的话题及下意识的逃避。

当犯罪嫌疑人站在犯罪现场时，总会装作若无其事的样子看着警察进行搜索。还有的肇事逃逸者会大胆地回到现场混进人群之中。和这种心理相同，有些人在某些场合故意说些猥亵的话，直截了当地说出他人避而不谈的话题。因为他意图自行发掘自己最恐惧的不安根源，借以使紧张和不安的心理得以缓解。这种人往往是大胆地脱口而出，或出人意料地胡言乱语，总之就是语不惊人死不休，而其言语有真有假。

另外，也有些人为了尽量避免心情不安，而避开某些话题或场合。若你不小心触及此人下意识避开的话题，并固执地不肯罢休，那此人就会变得焦躁不安。例如，挪开视线、垂下双眼、交叉双腿、不断吸烟。

4.赞成或附和。

平常并不太附和你说话的人偶尔也会过于迎合、赞同你，这种人绝非大意或漫不经心的人，常常有其目的。他只因为目前形势不宜反对你，就暂时附和、赞同。然而，在他内心可能有着不容拒绝的条件及暗藏的诡计。总之，识破这种附和或迎合，是非常必要的。

爱说 "的确如此" 之人的弱点

不论是在工作中还是在私人交往中，有一种人对于别人的意见总是会连续发出"对啊""的确如此""的确是这样啊"等句子，单方面地扮演着听者的角色，至于自己的想法则完全不表达。这样的人其实还相当多，他们到底是什么样的心理？可以想到的有两种类型。

一种是对于对方正在说的事情，既没有赞同或不赞同的观点，也没有特别佩服或感兴趣地方。"的确如此"或者"的确是这样啊"等话，其代表的是相反的意思：既不认为的确如此，也难以反对，因为没有其他选择才那么说的。

如果把他说的话当真，而责备他："你那时不是说'的确如此'，表示赞同的吗？"那只不过说明你对言外之意毫无认知。

另一种是如果亲密的朋友连续说出"的确如此""的确是这样啊"等话，可能是他对所说的事情毫不关心，或者他是个薄情的人。虽然自己认为两个人的关系密切，但是不妨怀疑，对方或许并不是这么认为的。

此外，如果是工作关系上的朋友连续说出"的确如此""的确是这样啊"等话，或许他是没有自信的人，或者他对所说的事情根本就没有自己真正的想法，既缺乏相关知识，也没有任何资讯。

也有人夸张地大喊"的确如此"，这么夸张地表示同意的人，多半是为了掩饰自身知识的不足或者用功不足。这种类型经常在二三十岁的年轻人身上。

对于连续说出"的确如此""的确是这样啊"等话，却不发表自己意见的人，要怎么应对才好？

如果是工作的对象，可以试着由你单方面来下结论："就当作你是全面赞成啰！"或者"因为你说了'的确是这样啊'，所以这企划算是最终确定了吧"。借以促使对方表示进一步的意见。如此一来，他最后想推脱责任也不可能了。

如果是工作以外的朋友或熟人，不妨打开天窗说亮话地问他：

"从刚才就一直说'的确如此''的确是这样啊',你真的是这么认为吗？还是你对这件事情根本就不感兴趣？"

老是说"好忙"之人的真正心理

在公司里面，有一些人老是爱说"好忙""要加油"。

用其他人听得到的声音说："啊，好忙，好忙！"然后在办公室里面忙碌地穿梭着。或者一回到座位便举起双手、自言自语地说："要加油！"

这肯定是哗众取宠的做法，别人看了只会认为是毫无意义的事情，为什么还要特地去做？

简单地说，他们想要通过看起来恰到好处的忙碌以换取别人的好评，所以很尽心地表演努力工作的样子。组织或者团体有时候是很不可思议的，尽管有时候有些人认真尽心地做好工作，老实认真的人却不见得会得到与努力相当的评价。相较之下，明明没有做好什么工作，但是嘴里时常念叨着"要加油"，并且可以很开朗地、很醒目地自我表现的人，有时候反而比较能够获得上司的好评。

像这种只会发出"好忙，好忙"声音的人，仔细观察的话，当他真的处于火烧屁股、不得不拼命工作的情况的时候，反而是不会说"好忙，好忙"，也不会在办公室里忙碌地穿梭，更不会大喊"要加油"。

所以，很明显的，就在他说"好忙""要加油"的时候，便是表示他现在很闲、没事。

应对这种类型的人，当他嘴里说着"啊，好忙，好忙！"然后在办公室里忙碌地穿梭时，便可以对他打趣地说："不要因为太闲了就在办公室里慢跑。"

突然被讽刺，对方可能会回答你："不是慢跑，是工作很多啊！"你不妨装傻地说："哦，看起来像在慢跑呢。"这样一来应该就可以让他住嘴了吧。

爱自言自语的人多半胆怯

曾有一位心理疾病患者，他在酒醉后常胡言乱语，等酒醒后，为了弥补自己的错误，便自言自语地想要纠正过错。可是，家人看到他这种情形，却以为他发疯了。

这个人大醉后虽不记得自己的行为，但多少还有些模糊印象，所以酒醒后心中难免郁闷，于是不断反省："为什么昨天会说那种话？"事实上，这位患者是想利用自言自语来弥补过错。

除了喝酒的人会反省之外，胆怯的人也常会对自己的言行缺少自信，这些类型的人都容易趋向自言自语。这种人往往会过度关注同事、上司的反应，所以处理事务不够完善时，他们就会非常自责，因而不自觉地自言自语起来。

此外，因欲望无法满足而自言自语的人，在后悔的情绪中，也会掺杂其他的感情，比如憎恶、愤怒等，这些都会引起他的冲动。因冲动无法直接发泄，只好隐藏于内心，有时也会自言自语起来。

在工作场合，在众人面前遭到上司斥责是常发生的事。也许有人会承认错误，有的人却否认自己的过失。无论如何，总觉得遭到斥责是一种侮辱，即使心中再愤怒，也不能在工作中直接反驳上司，表达自己愤怒的情绪，因而所累积的种种不满情绪，便会以自言自语的方式发泄出来。不过，这时自言自语的音量，会大到别人听得到的程度，其目的就是希望同事能与自己产生共鸣。

此外，还有一些人也会出现自言自语的行为。例如，开会时必须在众人面前演说，为求表现理想，所以不得不先自言自语一番；或向情人表达心意时，也必自言自语预先演练。总之，观察爱自言自语的人，我们可判断出，这种人多半是胆怯、易受他人影响的人。

有人可能因为自言自语的习惯，导致无法与组织、社团中的其他人相处。

总之，一个自信的人不会自言自语。

数落妻子的男人烦恼多

欧美人一般都会在他人面前赞赏自己的妻子，东方人往往相反，喜欢数落妻子的不是。在我国古代，男人甚至称自己的妻子为"贱内"。

大部分的人只是故意指出妻子的缺点，说一些谦虚之词，以这种表现来维持与他人之间的人际关系，所以听者完全不会相信这类贬低之词。

有的人却真会告诉别人自己妻子的缺点，尽管听者并不期待当事人说其妻子的坏话，这位丈夫却刻意提及，不论对方是否问起，也要特别加以批评。批评的内容包括妻子的为人、身体上的缺陷，乃至烹饪、洗衣、养儿育女等，可谓无所不谈。人本来就不可能十全十美，所以"欲加之罪，何患无辞"，当然谈论的题材也就源源不断了。

通常会数落妻子不是的人，多出于以下两种理由。

其一是他在家中与妻子相处不融洽，对妻子的不满累积于心，只好借着批评来解除心中的烦闷。这种类型的人，并不会考虑听者的感受。

其二是对自己妻子要求太多。至于他为什么对妻子要求这么多，原因之一是以前曾获得过完全满足其安全感的经验；原因之二则正与此相反，他们以前强烈要求的安全感从未满足过，所以才想从妻子身上得到补偿。

其实，夫妻双方都各有优缺点，而结婚本就是互补所短，以促进彼此的成长，有的人却无心努力，再加上心中不满，所以互相指责。

另外，说坏话的对象，也有选择女下属或女性朋友的。

这种人大约只是想轻描淡写地谈论妻子的不是，一旦这番话被特别在意他的女人听了之后，就会妄下断言，认定其夫妻关系不和，而与其交往更加密切，往往会造成不可收拾的局面。

漫不经心地谈自己妻子不是的人，是一个很懂女人心理的男人。其目的就是要笼络其他异性以填补自己妻子的缺陷，企图寻求短暂的满足。事实上，若这种男人真的家中纠纷频生，恐怕也没有时间在外面拈花惹草。所以，不要听信他的片面之词，而应明确地认清他的心。

揭人隐私者心怀嫉妒

很多人都喜欢探听他人的隐私，所以报刊才会乐于报道企业家、文体明星的花边新闻。

很多女性很喜爱这类报道，但男性也不逊色。男性们喝酒时，常常会谈起工作单位中有关他人的消息。一来可使其解除在工作单位中的紧张；二来也可以得到在工作单位中得不到的"情报"。

同一工作单位中的四五个同事聚在一起时，话题总喜欢围绕工作单位中的小道消息打转转。此时，有的人扮演的是提供话题的角色，在大家面前揭露他人的隐私；有的人扮演的则是听众的角色，于是说闲话的条件便成立了。

这种喜欢揭人隐私、提供话题的人，其心理动机到底何在呢？

首先是想排解欲望得不到满足的苦闷心理。这种类型的人多半是与上司的价值观存在差异，而当自己的意见未被采纳时，其心中感觉不痛快，才会提供这些话题。

当然，他自己并不把这种情形当作是自己本身的问题，而认为是全单位的人都对上司感到不满，所以他有"义务"揭露上司的隐私，让大家憎恨与攻击，从而使自己的欲望得到满足。因此，这种人往往会在言谈之中说一些刻薄的话，并希望听众能与他站在同一立场上。

其次是出于嫉妒的心理。这一类话题的对象，不是有关上司、下属的，就是有关同事的，而且谈论的对象，不是得到上司赏识的，就是受到异性欢迎的。

所提供话题的内容，往往是揭露对象的私生活，以企图破坏其外在形象。如果再加上听众对这个对象不怀好意，就会对这个对象的私生活大加渲染。

再者就是听众议论种种隐私，那么提供话题者的目的就更易达到了。

了解了平常在工作单位里上司不为人知的一面后，人们也许会对该上司的印象发生变化，也许以前认为话题中的上司是个"不知变通的家伙"，想不到听了揭露者的有关传言，才知道"他原来很有人情味儿"；或者，"平常看他说得天花乱坠，事实上不过是个庸俗的人物"。

最后就是大伙儿聚在一起时，窥探别人的私生活，聊以自娱。提供消息的人，无非是心中对揭露对象怀有敌意、羡慕、自卑等情结，而听众的心态多半亦如此，所以才会注意聆听。然而，听众一旦认为提供话题的人所说的内容与事实不符，就会把这个人当作造谣生事的人，而对传闻置之不理。

说"我只告诉你"的人多神经质

凡是会说"你不要告诉别人""我只告诉你……"的人，对其他的人也会这么说，所以他们很容易泄密。说得更具体一点，就是因为他们会冲动地想把某种秘密告诉别人，所以才会特别强调"不要告诉别人""我只告诉你"这些话。

一个人若知道他人不知道的秘密，要其隐藏在心中并不容易，通常都有"告诉别人"的冲动。其理由：第一，因为自己一人保守秘密，心理负担太重，所以想借泄密的方法卸下心中的重担；第二，基于把自己知道的独家秘密向他人炫耀的幼稚心态。此外，也有向特定人物泄密，以博得对方欢心的欲望。

无论基于哪一种理由，都是泄密者"神经质心理"的作用——明知不该泄露，却又忍不住。若他所泄密的内容只关系到个人，顶多只会破坏与那个人的关系；但若是机关或企业人士泄露了秘密，就很可能破坏了工作单位中重要的人际关系，不仅事关个人，还会影响到整个组织。

一个想泄密的人，即使上司再三交代"这个秘密不可以外泄"，也可能会因意志薄弱而泄密。相反，精神上已经成熟、具社会性的成人，在泄露重要事项前，会先考虑泄密的后果，考虑给他人带来的影响，同时也考虑人际关系可能产生的变化和对组织的影响，经过深思熟虑后才敢说出。

此外，在上班族的职业生涯中，个人的隐秘、微妙的人际关系，往往也会形成种种是非。泄露的秘密内容也许无关紧要，但是否泄密往往会成为他人对你人格的考验。

我们聆听别人诉说秘密时，当然不好意思拒绝，但你至少应该了解对方说这话的用意。

从不说别人坏话的人

在生活中不乏这样的人，当你得势时，他恭维你、追随你，仿佛愿意为你赴汤蹈火。但同时也在暗中窥视你、算计你，搜寻和累积着你的失言、失行，作为有朝一日打击你、陷害你并取而代之的秘密武器。

还有的人绝口不说别人的坏话，不说他人的是非，或者从不批评别人。这一类型的人或许确实很善良，不会在意别人的缺点或者不好的一面。

不说别人坏话与是非的人，因为口风很紧，似乎很值得信赖，但是并不是说这样的人就是好人。这样的人，其实并非不看别人不好的一面，而可能只是为一时之便而不说出口而已。

有些人在与竞争对手相斗时，绝不说对方一句坏话，当面不说，背后也不说，不但不说坏话，而且还尽可能说好话，在上司面前替对手说好话，因此对手失败之后可能始终都蒙在鼓里。

某个自称跟作家姜先生很亲近的人曾对媒体透露，姜先生是一个笼络人心的高手，并说他非常擅长借着称赞别人的长处与美德来虏获人心。然而，姜先生在自己家里，却会强烈地批判出现在电视里的人。虽不知姜先生是否会批判他所认识的人，当他在家里时，却会强烈地批判电视上的人们，这并不奇怪吧。

面对只会赞美而不批评别人的人，或许适度地心存怀疑是比较好的。因为像这样的人，或许一回到家里，便会对着老婆诉说朋友或者认识的人的不是。

面对这样的人，不要说出真心话或许是比较安全的。虽然这样一来，等于自己也变得和这类人一样。不过，暂时先以这样的方式与他相处，等观察清楚状况之后再说，这也是一种应对的策略。

说"我不辩解"的人，借口一大堆

在工作上犯了错、做出了失礼的事情、重要的约会迟到等，有一些人就会先入为主地说"我不辩解""我不想辩解"或者"我不喜欢辩解"。

如果说是真的"不辩解"的话，那么就一个劲儿地低头道歉也就罢了，但是这一类型的人通常是既不低头也不道歉，而是一开口便是"我并不是在辩解……"然后连珠炮似地说出一大堆借口。

就他本人而言并不认为自己所说的是借口，而是告诉对方自己是有正当理由的，把自己的过错正当化，然而结果全部都是借口。

面对这样的人，即使告诉他"我不想听你辩解"，对方反而会说"是这样吗？不过……"接着便是罗列更多的借口。

如何应对这一类型的人呢？

最好的方法就是彻底追究。如果因为他的过失而产生损害，那么，不要被他的借口所影响，要让他知道因为他的关系造成了多大损失，或者要他弥补所造成的损失。

如果你早就知道他是个借口大王，那么就让他尽情地说个够吧。可以的话，把他所说的话记下来或者录下来，以后再找机会放给他听，顺便讽刺他"你的确是个找借口的天才，这样的才能被埋没，实在可惜啊"，将"发球权"握在自己手中，这也是个方法。

毫不迟疑地答应你的人

在众多熟人、朋友聚会的场所，当你向朋友托付一件事情的时候，对方连眼睛也不眨一下，就说："就这么一点小事，包在我身上。"说完，还把自己的胸脯拍得山响。

不过，对那些喜欢拍胸脯、指天发誓的人，你需要留一个心眼。为什么这么说呢？因为在你看来，这件事情是有些棘手的，否则自己也不好意思去打扰人家，正是因为感觉这件事情比较难办，或者是仅凭自己的力量是办不成的，所以才向朋友郑重地提出请求，没想到对方不假思索地答应下来，这就是可疑之处。

因为，姑且不论对方办得到办不到，就是从所费周折的程度来讲，也没有不假思索而爽快答应的道理。他之所以会如此爽快，你不妨认为他这是在表现自己的"魄力"及"神通广大"，给众人留下一个正面积极的印象："大家都看到了吧，我这个人就是这么爽快，对朋友没的说，两肋插刀，肝脑涂地。"至于最后是否会圆满完成朋友拜托的事，管它呢，反正暂时没有人知道。

按理说，对方应该对你的请求深思熟虑后再答应才对。对于困难度较大的交涉，他应该说"我尽全力帮忙""我尽可能让事情有一个最好的结果"，至少也应该是"我想如果不出现什么特殊情况的话，应该可以将这件事摆平，有什么情况我会及时跟你联系的"，只有这样才显示对方是真诚的。而那种"没问题""小儿科""包在我身上""你就把心放到肚子里吧"等短句，是值得怀疑的。

像上述这种"太爽快"的人，在现实生活中也是很常见的。面对这种过分爽快的朋友，你应该怎么应对才好呢？

你可以一开始就指出自己对这件事无能为力，想要得到对方的帮助："这件事情我想拜托你，不过，你现在不要急着回答我，明天我再打电话来问你这件事情考虑得怎么样。""这件事情对你来说也是有难度的，我也不想让你感觉为难，你好好考虑一下再给我答复吧。"要是他还是毫不迟疑地脱口就答应你，你不妨说："在座的人都听到了吧，我这哥们儿就是这么爽快。"最后别忘了补一句："你可不要忘了答应我的事儿，我可是指望你了。"话虽如此，你现在就可以开始着手想其他的办法了，可不要对他的话信以为真。

动不动就要求别人附和之人

即使已经到了可以独当一面的年龄，有些人还是动不动就要别人来附和。

"虽然经理说这个工作不要做了，不过强硬地说'就进行吧'的人也是经理吧？"同事 A 向 B 寻求附和。

不过 B 没有说话，A 便继续说："这件事 B 你也知道吧。你不也说'那很好啊，要试试看'的吗？"

实际上，A 是想要一个人单打独斗以谋求业绩，但是在进行过程中情况变得不是很乐观了，所以想将责任推给经理。

不过 B 是不曾向 A 说过那样的话的。当初 A 提出企划时，曾对 B 说："你觉得这个企划不错吧？"但是 B 并不认为有那么好。

但是，因为 A 的性格是，当自己的想法遭到否决时，便以为自己的全部都遭到否定。对他提出反对的意见，他是一个字也听不进去的。

不只如此，他还会因此不高兴，甚至反目成仇，无理取闹地反指别人的不是。

正因为了解 A 的个性，为了避免因为反对 A 而制造麻烦，B 便消极地表示赞同，说："没什么不好吧。"

然而事后却变成"你不也表示赞同"，成为 A 攻击且转嫁责任的对象。

这种性格到底是如何形成的？说穿了就是从小被宠坏了。如果这类人向你寻求附和或者认同，而不是斩钉截铁地表示否定，那么日后就有可能被卷入无妄之灾，甚至还要负担与自己无关的责任。不过，话虽如此，要斩钉截铁地表示否定也是相当困难的，需要相当大的勇气。

退而求其次，至少要能说出"关于这点我并不清楚"，或许就是有效的保身的方法。

还有的人会说："我是个好人，对吧？你是这么认为的吧？""你认为我对你怎么样？很不错吧？"并强烈地要求对方给予回应。

对这样的人不可以掉以轻心。因为这样的人也有坏的一面。可以若无其事说出这句话的人，多半过去曾经用这句话来当作王牌，借以讨好女性来获取好感，或者操纵男性来获取金钱上的利益。

例如请对方吃饭或者喝酒，然后说："我是个好人，对吧？"以此作为进入下一步的开场白。

他谈话的对象如果是异性的话，其居心可说是昭然若揭；如果是同性的话，有可能是要对方帮忙做一些坏事情。

实际上他别有居心，为了达到利用对方的目的，要让对方先认定自己是个好人。这么直接表现的话，听起来很单纯，所以更有力。所以，被这么简单的一句话所欺骗的人也还真是不少。

对老实的好人说出这句话，成功的概率很高。当然，这类型的人当中也有女性。口里说着"我是个好人，是吧"，并来接近对方，强力推销比市场价值还要昂贵的化妆品或其他商品。

面对这样的人就只能反用"我是个好人"，可以回他这句话："好人？什么样的好人？"或者"我在书上看过，嘴里说自己是好人的，多半就是坏人呢。"

这样一来，对方是什么样的人一下子就清楚了。一被你如此反问，语气就变得恶劣，又或者眼神闪烁，那么多半是另有企图，这时，你只要适当地随意应付就够了。

要警惕常说"我从不骗人"的人

清朝乾隆年间的重臣和珅在一次朝会上说出"我是绝对不会说谎的"这个大谎言，而引来众人的讪笑。古今中外，说谎的人都爱说"我不会说谎"，这实在很有趣。

说谎的人说"我不会说谎"，从字面上来推敲就是"我会说谎"。自称"我不说谎"的人，就是自我告白我正在说谎。这句话正是说谎人的惯用语。对方就是用这句话来作为谎言的开场白，了解了这一点，再思考他说出这句话之后的对策，这样较为稳妥。

说谎的人从来没有想过，自己说出"我不会说谎"这句话，反而会让人觉得诡异。所以才能大言不惭地说出"我不会说谎"这种话。然而一旦被追问，却说出一个又一个的谎言。说谎的人多半会用另一个谎言来掩盖前一个谎言，这一点和偶尔说出一个谎言而感到后悔的人是不一样的。

然而，说谎成性的人对于说谎这件事是毫无罪恶感的。所以即使谎言被拆穿了，还是会理直气壮地说"我不会说谎"，这种态度真是让人束手无策。不要信任他，看他可以说谎说到什么程度，用看戏的心态来听他的谎言，不要当真，这才是聪明的应对之道。

喜欢口出秽言的人

男人们聚在一起，比较容易说些"有伤大雅"的粗话，尤其是涉及禁忌的词汇更是他们的偏爱，例如与男女有关的话题，或"放屁""狗屎"等牵涉排泄物的词汇，好像只有这样才能体现男子汉的气魄。其实，这类人是因为内心的欲求得不到满足而秽言不断的。

可以肯定，喜欢口出秽言的人，是属于某些方面欲求得不到满足的人。他们常常焦躁不安，没有办法排解，所以一天、两天……长年累月下来，只要碰到偶发事件，他们就借题大肆发挥。积累后的"爆炸"并不一定仅仅针对他们不满的对象而发生，一旦他们逮到机会，无论何时、何地、何人，他们一样照说不误。有时候，即使说话的人不是有意的，对听话的人来说，心里却有了疙瘩，听者可能会产生"岂有此理""不像话"的感觉。

还有一种人有故意在异性面前讲粗话的嗜好，其乐趣在于观察对方的反应。他们常常有意选择那些对淫秽言语有憎恶感的异性，并在不适当的时候当面提及这类话题，也就是在不该讲粗话的时候脱口而出。比如在上班时间，当女同事送文件来的时候男同事讲粗话，以"欣赏"她的窘态。这些女职员听到粗话后，大都会面红耳赤，或者手足无措，而这正是那些人想要看到的。对于他们来说，说粗话只是前奏，观看女性的反应才是他们真正的乐趣。

这种因欲求得不到满足而产生的粗言恶语，说话的人并未考虑到会招致何种后果，至于是否会伤及他人，一时更考虑不到了。可见，所谓粗话，只不过是为了发泄内心的不满。所以，对于别人的粗言恶语，最好充耳不闻。

第六章

小动作的秘密

眼睛流露善意，心底慈悲；眼睛横竖，性情刚烈；眼珠暴突，性情凶恶；眼睛斜视不语，心怀妒忌不满，近距离细看则神情内藏不露。

头部动作

在我们观察别人的动作进行识人时，首先入目的是人的头部动作。这不仅是因为头在整个身体的最上部，位置最显眼，更重要的是头部动作所传递的信息最多。

1.头部姿势。

在不同的场合，由于人们的情绪和态度不同，头部姿势也有明显的不同，并且随着情绪和态度的变化而变化。因此，从头部的姿势可看出一个人对别人和社会的态度。头部姿势可以概括为四种：直竖着的头、斜偏着的头、向下低着的头和用双手在脑后反托着的头。

直竖着的头的姿势其含义是"不偏不倚"。在中国古代哲学中，有"不偏不倚谓之中"的说法，这种头部姿势是表示中立的态度。斜偏着头的姿势是表示对某事有了兴趣，包括女士对男性的兴致盎然。当别人在对你说话时，你只需斜着头并不时点头，就会使对方有温馨的感觉。向下低头的姿势意味着否定或批评，通常还伴随着严厉的面部表情。用双手在脑后反托头的姿势常被认为是成功人士的专利，在西方社会，像会计师、律师、业务经理等自信又有优越感的人常喜欢用此姿势。

2.头部自我接触的动作。

在多数人的身体接触中，头是接触频率最高的身体部位。多数情况下，都是自我接触，如用手去摸头等。有半数以上的自我接触动作都在头部，而且这种自我接触动作有很多种。这些动作可以分为四大类。

(1) 隐藏动作的接触。这包括对噪声感到不耐烦时用手掩耳或阳光等光线过强时用手遮眼等，以遮断外界向感觉器官输入信息。此外，用手掩盖哭泣等难过表情，企图加以掩饰的动作也包含在这一范畴之内。

(2) 整理身体动作的接触，即将手举向头部做出抓、擦、摸等动作。这本来是以维护头部整洁为目的的，然而，当一个人陷入情绪混乱或紧张状态时，往往会做出类似整理身体的神经质行为。譬如，男性方面最普遍的抓头动作，大致上均可视为不满、困惑、害羞、痛恨自我等直接体现。东方人较害羞，一边抓头，一边哑然失笑的情形很多。另外，脑中加速思考、面临接受面试等燃眉之急的重大事情之时，所产生的摸头发、抓头等动作也包含在相同的整理身体动作的范畴内。

(3) 特殊象征的接触。以象征性的行为接触头部的动作就是典型之一。为了强调正在用脑思考，"咚咚"地敲头或手贴在头部不动等动作，就属于本范畴。另外，还有抱头的表现，将双手抱在后脑，也同样表示陷入深思的状态。

东方人不能理解一件事物而进行深思时，会不断做出歪头动作，欧美人一般则是将手掌贴在太阳穴附近表示正在思考。另外，用无名指轻点太阳穴的人也不少。这些动作本身均是一种表示心理上遇到"疑难"的信号。同时，下意识地按住人体要害之一的太阳穴，也可视为企图对思维予以刺激的行为。欧美人陷入自我侮辱的心理状态时，也有伸出食指朝着太阳穴，做出手枪射击自己脑部的自我接触之举动。

此外，属于此种象征的接触，还包含有突然想起某件事情时，一边说"啊，对了"，一边使劲拍打前额的动作。

(4) 自我紧密性的接触。作为对人亲密性的类似、模仿动作，用手接触头部的情形，即属于该范畴。这也是为了获得精神上的安定，潜意识所形成的行为。在手与头部的接触动作范畴中占五分之四的比例。人类接触头部的最大动机，是对他人的一种潜在的身体接触欲求。在此种自我接触之中，人们最常做出的动作就是靠在桌面或柜台上，用手支撑头部。肉体上的疲劳并非是这一动作的主要原因。当作头部支柱的手，在这一场合，进行超越本来机能的活动，亦即当作一种形象，取代了拥抱自己、给予安慰的朋友，用自己的手再度体会安慰与亲密性的快感。而且，由于这一动作可公然在他人面前做出，所以，一旦希求精神上的安定时，很自然地就会产生此动作。

除此种"靠肘"动作之外，人们经常做出的动作中，还有一种并拢食指、中指、无名指，手背朝外，轻轻拍打额头的动作，此动作大致上可视为腼腆、困惑的表现。许多人的困惑表现在无意识之中就会流露出来。

上述自我接触隐藏着对他人的潜在性接触欲求，如果这一行为转变成对他人的实际接触情形，将会产生何种演变呢？通常，表现为头与头、手与头接触的两种现象，是双方属极度亲密才会发生的动作，这也是年轻情侣、夫妇之间一种表达爱情的信号。只要稍微表现出这种接触，任何人均可立即解读出这二人的情感交融状态。男人之间所发生的头部接触，有这样三种：向对方伸出援手、给以祝福、施予攻击。

3.点头动作。

当某人在听别人讲话时，不需要用言语来表明你在认真听对方讲话，只需要看着他，不断地向他点点头，笑一笑，就能给讲话者留下很好的印象。有些善于与人交谈者，对于这种点点头加笑一笑的听话技巧运用得很熟练。讲话者看到听众们不停地点头，精神就更加振奋，有时谈话双方中一方觉得无聊或有什么急事，但又不好意思中断谈话，也会心不在焉地点一点头，笑一笑。怎么才能看出这种情况呢?我们可以从对方点头的频率和动作的特点来判断。

（1）当对方针对谈话内容或音律，向你做点头的动作，是他在对你表示某种认同或好感。

（2）在谈话过程中，点头频率过高，是表示对讲话者或讲的内容持否定态度或不耐烦。

（3）如果点头的动作与谈话情节不符，表示对方不专心或有事情瞒着你。

眼部动作

人的眼睛里所发出来的是各种眼色表情，告诉旁观者他内心情绪的变化。

眼睛低垂有时表示谦逊的信号，它是基于下属不敢正视上司的正常反应而来。低垂时眼光多看向地下，不会左右乱瞟，这种动作经常伴随着鞠躬或点头哈腰。

眼睛流露善意，心底慈悲；眼睛横竖，性情刚烈；眼珠暴突，性情凶恶；眼睛斜视不语，心怀妒忌不满，近距离细看则神情内藏不露。

瞄上一眼后，闭上眼睛，即是"我相信你，不怀疑你"的身体语言。

闭上眼睛后，再睁眼望一望，如此不断反复，就是尊敬与信赖的表现。

首次见面时，先移开视线者，其性格较为主动。

如果某个人只向一位异性看了一眼，就故意收回了视线，而不再看，这是一种自控行为。

当视线接触时，先移开目光的人，就是胜利者；相反，另一方则因对方移开视线而可能产生某种想法，是不是对方嫌弃自己，或者与自己谈不来。

眼睛上扬，是假装无辜的表情，这种动作是想说明自己确实无辜。

斜眼瞟人，意思是偷偷地看人一眼但又不想被发觉，传达的是羞怯腼腆的信息。这种动作等于是在说："我太害羞了，不敢正视你，但又忍不住想看你。"

目光涣散常见于人很疲倦或做白日梦时，有些人常这样由室内望向窗外，以表示其心中怀有某种梦想（例如坠入情网）。

睁大眼睛，是一种表示惊异的基本反应。

眯紧眼睛基本上是遭遇强光或威胁时的自卫反应，但也可能代表着高傲、轻蔑。做此表情的人可能愤世嫉俗，对周围的事物感到厌烦。眼睛上方生的褶层，乍看起来就像眯起眼睛似的，给人桀骜不驯的印象。

眼睛表面的闪亮，是因情绪激动促使泪腺分泌，产生润泽之故，但感受又未强到足以落泪的地步。这种情绪常可从情侣、影迷、球迷、骄傲欣慰的父母及获胜的运动员脸上看到；但也可能表示哭泣以外的任何强烈的激动情绪，如厌烦、沮丧及生离死别的悲痛等。

眨眼的变形包括连眨、超眨、睫毛振动、挤眼睛等。连眨发生于快要哭的时候，代表一种极力抑制的心情。超眨的动作单纯而夸张，眨的速度较慢，幅度却较大，好像在说："我不敢相信我的眼睛，所以大大地眨一下以擦亮它们，确定我所看到的是事实。"睫毛振动时，眼睛和连眨一样迅速开闭，是种卖弄、花哨的夸张动作，好像在说："你可不能欺骗小小的我哦。"

嘴部动作

人的嘴部确实能够鲜明地表现出人的态度来。一般来说，一个人嘴唇部分的变化，主要有以下几种情况。

1. 把嘴抿成"一"字形，他是个坚强的人，大多数时候能完成你交给他的任务。

2. 张开嘴而合不上，是个意志不坚定的人。

3. 人的嘴唇往后撇的时候，可能是一种防卫心理的表现，如果是女孩子，则可能是她撒娇的表现。

4. 喜欢将下巴抬高的人，十分骄傲，优越感、自尊心强，这种人望向你时，常带有否定性的眼光或敌意。

5. 下巴缩起，此人仔细，疑心病很重，容易封闭自己，不易相信他人。

6. 口齿伶俐、吐词清晰多半是辩才。

7. 口齿不清、说话迟钝，但语气坚定、见识不凡亦可能是大才。

8. 嘴角下撇，这种人性格固执刻板，不爱说话，很难被说服。

9. 嘴角上翘，这种人豁达、随和，比较好说话，易于说服。

10. 唇角后缩，表明对方正在倾听你的说话，而且感兴趣。

11. 说话或听话时紧咬嘴唇，表示对方在自我谴责，自我解嘲，甚至自我反省。

12. 说话时习惯以手掩口说明对对方存有戒心，或者在自我掩饰。

肩部动作

肩部是责任和尊严的象征。"铁肩担道义，妙手著文章。"这一古语很能说明问题。肩部是人体活动比较自由的部位，可以上下活动，从而缩小或扩大身体的势力范围，肩部的语言是十分丰富的。

人与人肩并肩往往被当作一种友好合作的象征。所谓"并肩作战"，说的就是两个战友团结在一起，共同抗击敌对势力。互相拍拍肩部或抚摸肩部，也是一种友好与信任的象征。

正常情况下，人的双肩与地面保持平行状态，左右同高，外侧的连线应当在同一条水平直线上，否则就成了人们常说的"阴阳肩"。耸肩的动作，表示对某人或某事的无可奈何的态度，一般情况下，是以掌心朝上摊开双手来配合这一耸肩动作。耸肩时，是双肩一起耸动，如果单独耸动或两肩的耸动在时间上有先后，就会产生十分不雅的感觉。

耸肩动作欧美人士使用较多，它的基本含义是"不知道""不理解""没办法"或"无可奈何"。在做这一动作时，还要有其他的动作加以配合，如嘴里说着"嗯哼"或"OK"，双手一摊，双肩一耸。近年来，中国许多时髦青年也常做这样的动作，大概是受各种新闻媒体及影视作品的影响。

缩肩是缩小势力范围的动作，表示不安或恐怖。展肩则是扩大势力范围的动作，基本含义是展示自我的存在，威慑对方。日常生活中，常可见到模范、英雄等人物肩披绶带，这是一种对他们的突出显示。现代军人的肩章、某些职业服装及西装的垫肩，都是为了突出人的肩部而特意设计的，以表现其威严或权势。

人在寒冷的时候也会耸起或抱起肩部。耸肩还可能是人在抽泣时经常做出的动作。

胸部动作

由于人类的直立行走，使胸部最需要保护的心脏部位暴露在外，所以对于人类来说，从胸部传达出的身体语言，深深地遗留着自我防卫的本能。在中国古代武士的盔甲上，总要装上厚厚实实的护心镜，这便是一明显的例证。

不可思议的是，人们经常故意做出暴露胸部的姿势来传达某种信号。比如，高高地挺起胸脯的姿势，在无声地表示着他的自信和得意。胸脯挺得过分高，则又变成了十分傲慢的意思。这种过高地挺起胸脯的姿态，会使别人受不了而发出"那家伙摆什么臭架子"

的怨言。

挺胸而全面暴露自己弱点部位的姿态，说明他完全不把对方放在眼里，毫不在乎对方可能会发起的攻击；在精神上他处于绝对的优势地位；同时，挺胸的举动也是他想竭力扩大自己势力范围的一种表示。

还有一种矮个子的男性，不甘于低人一截，会故意地挺起胸脯来弥补他们的弱点。他们走路时，总会尽量地向上挺起胸脯，无意识中流露出因自己低矮而产生的自卑感，借挺胸的姿态来树立精神上的优势。

总之，挺胸者属于在力量上、精神上占上风的人。

与挺胸动作相反的，是双臂交叉着横抱在胸前的姿势。这是一种保护自己身体的弱点部位、隐藏个人情绪及对抗他人侵犯的姿态。这是防卫的信号，甚至是带有敌意的暗示。

这种双臂交叉于胸前的姿势，是日常生活中常见的姿态。根据达尔文的研究，这种姿势几乎在世界各地都表达着同一种含义——防卫。

同事之间在一起讨论时，常会出现这种姿势；小孩子用这种姿势来抗议父母的唠叨；老年人用这种姿势来维护自己的尊严；打擂台的双方用这种姿势来应战……这种姿势似乎可以使人觉得自己稳如泰山，能抵抗任何攻击。

这种姿势，通常也表示否定和拒绝。有些人自顾高谈阔论，没有留意到对方摆出了抱臂于胸的姿势，这样，他的滔滔言论非但不能说服对方，反而起到了再三刺激对方的作用，使原本愿意和他亲近的人也逐渐疏远起来。每当我们发现对方做出这种姿势时，就表示他想结束这场谈话，你就应该知趣地收起自己的滔滔长谈了。

背部动作

　　背部是与胸部、腹部相对的部位。胸、腹在身体的前面，比较容易传达人类的情感、情绪与意识；而背部在身体的后面，它掩盖和隐藏人们情感的功能大大超过了传达的功能，但背部又不可能把人的情感、情绪全部掩盖起来；背部只能掩盖人的情绪的明显部分，而泄露出来的部分反而更加深刻地反映出被掩盖部分的本质。

　　1. 脊背代表一个人的性格和气节。挺直脊背的人往往性格正直，严于律己，又充满自信，但另一方面，思想可能比较刻板，欠缺弹性。

　　2. 与此相对，经常做出驼背姿势或点头哈腰的姿势，表明此人具有闭锁性和防卫倾向。这种人虽然有不求自我表现、慎重和自省的一面，但主要是想表露自己精神上的劣势：即愤世嫉俗、孤僻、畏惧、惶恐、自卑等心态。

　　3. 挺拔地站在舞台上或讲台上的演员或教师，从他的姿势可以看出他所受的严格训练和自我约束。

　　4. 端坐的姿势也是一种自我约束的表现。在对坐时，挺直脊背，一直保持端坐姿势者，等于在他与对方之间筑起了一道无形的墙。

　　日本人经常采取端坐的姿态，这种姿态若不是出于礼节，那就是拒人千里之外，表示不可亲近、不愿迁就的意思。

　　5. 背向着对方或转过背去一般可理解为表示拒绝、不理睬或回避。在某些女性身上，转过背去的动作有暗示等待男性来说服的意思。

6. 打电话时转过背去（有时还用一只手遮着话筒），多半是在谈论带有秘密性的事（私事）。因为背向他人即用背部挡住他人的介入，以消除自己心理上的不安。

7. 同性亲友之间互相拍背，往往表示有同感、有共鸣，或为了鼓励、催促和怂恿。

在同性的不大亲密的朋友之间也常见用于接触背部的动作，在这种情况下，可认为是关心对方或有想进一步加强人际关系欲求的想法。

8. 在异性之间（特别是在假定的性对象之间），男性触摸女性的背部，表达了既渴望做进一步的接近，又唯恐对方拒绝的心情。有时也表达试探性地说服对方的企图。

腰部动作

腰部在身体起"承上启下"的支持作用，腰部位置的低或高与一个人的心理状态和精神状态有关联。

1. 弯腰动作，比如鞠躬、点头哈腰属于低姿势，把腰的位置放低，精神状态也随之"低"下来。

向人鞠躬，是表示某种谦逊态度，或表示尊敬；如在心里自觉不如对方，甚至惧怕对方时，就会不自觉地做出弯腰的姿势。

从谦逊再进一步，即演变成服从、屈从，心理上的服从与屈从反映在身体上就是一系列在居于优势的个体面前把腰部放低的动作，如蹲、揖、跪、伏、叩拜等。弯腰、鞠躬、作揖、跪拜等动作除了礼貌、礼仪的意义之外，都是服从或屈从对方，压抑自己情绪的表现。

2. 挺腰动作。这个动作反映出情绪高昂，充满自信。用力挺直身体，使身体增高（同时也可提高一些腰部的位置），这是进行威吓，表示无畏，力图使自己处于优势的动作。经常挺直腰板站立、行走或坐下的人往往有较强的自信心，且自理和自律能力较强，但可能缺乏精神上的弹性。

3. 手叉腰间，表示胸有成竹，对自己面临的事已做好精神上的准备或采取行动的准备。手叉腰间，两只拇指露在外面，更流露出某种优越感或支配欲。

4. 两手的拇指呈倒八字插入裤腰部位的男性（以西方男性居多），除表现出优越感外，还表现一种男性的威严、"帅劲"（当然，这个姿势或动作中隐藏着性意识）。

5. 深坐者身体（特别是腰部）位置放低，表示认为眼前的事物并不会引起他的紧张，没有必要立即站起来，精神上处于放松状态。深坐也是向对方展示自己心理上的优势。

6. 始终浅坐在椅子上的人流露出自己心理上的劣势和缺乏精神上的安定感。所谓"正襟危坐"就是指这类浅坐动作。

一个小人物在大人物面前坐也不是，站也不是；叫他坐下，也只是屁股沾着一点儿椅子边；而大人物呢，往往是舒适地深深坐入椅内，一副居高临下的神态。

7. 在他人面前猛然坐下的动作，表面上是一种随随便便、不大礼貌或不拘小节的样子，而实际上此人内心隐藏着不安，或有心事不愿告人，因此不自觉地用这个动作来掩饰自己的抑制心理。如果同这个人谈话，他往往会表现出心不在焉或神思不定的态度。

8. 最低位的腰部动作是蹲姿。蹲是一种历史遗留动作，多见于疲劳的老年人，表面上的意义是防卫和服从。文明人和文化水平较高的人很少采取蹲姿，因为蹲姿形象上不雅观，意义上消极，心理上处于劣势。农民蹲着抽烟、休息或聊天，其含义就比较单纯，只是为了休息，使自己的身体恢复体力。蹲着的姿势也隐含着"眼前服从，今后不一定服从"的攻击性心理。特别是两手悬置膝上、眼睛由下向上看的蹲姿（多见于市场上的摊贩），可理解为隐藏着攻击欲求的防卫性姿势。

腿部动作

　　了解腿部动作，是破译内心秘密的一种强有力的武器。

　　当心中不安或想拒绝对方时，一般人常将手或腿交叉。这是在无意识中，企图保护自身的心理和不让他人侵犯自己势力范围的防御姿势。

　　当你向上级提出某个建议时，如果他听了一会儿，便把腿架了起来，你应当注意，他可能对你的建议不感兴趣。果真如此的话，你应该尽快结束话题，告退离开。如果还不知趣地唠唠叨叨的话，上级常会频繁地变换架腿的动作，最后会变得越来越不耐烦。等到他忍不住打断你的话时，你就会感到窘迫了。

　　另外，人们如果要表现出他的攻击性，或者说，他有意于接受对方的话，则会采取张开双腿的姿势。张开的双腿比紧紧并拢的双腿更能扩大他的势力范围。

　　那些有着强烈的支配欲和占有欲的人，他们往往会把脚搁在桌子上或拉开的书桌抽屉上。这一行为，可以看作是用自己的脚连接桌子，来扩大自己的势力范围，表现着自我。反之，如果他的下属在他的面前摆出这一姿态的话，他会感到自己的势力范围被侵犯，而产生极不愉快的感觉。一旦他在初次见面或并不很熟悉的人面前把脚搁上桌面或抽屉上的话，难免会被人认为"那家伙真是傲慢，无礼之极"。

在腿所表达出的身体语言中，有一点必须留意，那就是架腿的方式。男女的架腿方式有所差别，即使用同一种方式架腿，它所表达的意义也不一样。

根据调查发现，将一只脚的脚踝架在另一只脚的膝盖或大腿上的，多半是男性；而把两条大腿紧压着上下交叉着架腿的，多半是女性。因为，从解剖学的角度来看，腿的部位越是往上，越是接近性器官。所以，国外的一些学者认为，大腿是属于带有性意识的敏感部位。

总之，就身体语言来说，腿部的动作往往极具性方面的暗示。所以女性是极少采用架腿方式的，尤其是穿着短裙的女性。显然，使用双腿用力紧压式的架腿方式，具有防御他人的侵犯，保护贞洁的意味。

也有的人坐在椅子上，一只脚跷起来横跨在椅子扶手上。这种姿态看上去似乎很轻松，要是你以为这表明他是开放而又乐于与人合作的话，那你就大错特错了。摆出这种姿势的人，对他人漠不关心，甚至还有点敌意。空中小姐深有体会，凡是摆出这种坐姿的男性旅客，通常是最难服侍的人。商业上，在买方和卖方之间，买主也会在自己的办公室中摆出这种姿态，以表示他优越的主宰地位，上级也会在下级面前以这种坐姿来体现他的权威。

另有一种，分开双腿面向着椅子背倒坐，这种姿势和把脚搁在办公桌上一样，通常发生在上级和下属之间，以表示他的统御权。摆出这种坐姿的人，不管他表面上看来是多么令人愉悦和友善，事实上可能并非如此。因为这种姿态表明他富于统治性和侵略性。

双方之间处于激烈竞争的时候，一方或双方也会不由自主地跷起二郎腿。有位棋手，每当他在比赛中举棋不定时，总会不知不觉地架起腿来。对一个棋手来说，这种姿势是极不方便的，因为每次轮到他走棋时，必须放下脚，然后倾身向前下棋。当他走完一步棋后，又会依然故我地架起腿。放下再架起，架起再放下，一直要反复到他感到自己稳操胜券时，才会安安分分地把双脚放到地板上。

下棋时是这样，谈判时也是这样。当问题被提出来讨论时，或者当激烈的争论发生时，谈判者的一方或双方总会把腿架起来。若双方放下了架起的腿，身子向前倾移的话，则意味着将顺利达成协议。一旦对方交叉着架起腿，就是向你发出了要同你竞争、挑战的信号，这时，你要提高警惕，集中你的注意力，以免"大意失荆州"。

脚部动作

脚，是人们交往过程中比较容易忽略的部位，但心理学家认为，脚的动作也是身体语言的一种，而且这种语言比其他身体语言更丰富、更真实。

1. 某人两只脚踝相互交叠，你就应注意此人是不是正在克制自己。因为人们在克制强烈情绪时，会情不自禁地将脚踝紧紧交叠，生意场上或其他社交场合中，当一个人处在紧张、惶恐的状态下，往往会做出这种姿势。有些害羞的女孩子见到陌生人时，这种姿势也比较常见。

2. 在谈判时，当对方身体坐在椅子前端，脚尖踮起，呈现一种殷切的姿态，这就是积极情绪的表示，意思是愿意合作。这时善加利用，双方就可能达成互惠的协议。当你与一个人谈判时，如果发现对方有了这种动作，不妨稍作让步，那样你们的谈判结果肯定会令双方都满意。

3. 说话时，身体挺直，两腿交叉跷起，这一姿势表示怀疑与防范。所以，在推销商品或个人交往中，要注意那些"跷二郎腿"的人。而对那些坐在椅子上而跷起一只脚来跨在椅臂上的人也要引起警惕，因为这种人往往缺乏合作的诚意，对别人的需求漠不关心，甚至还会对你带有一定的敌意。

4. 对于家庭里一对夫妇双足交叉的动作要特别注意，因为通过这个动作往往可以看出哪一方是权力主宰。夫妻间的某方先行交叉自己的双足，就表示其在家庭中占主导地位。

5. 一个两手插在口袋中、拖着脚步、很少抬头注意自己在往何处走的人，往往是心情沮丧的人。

6. 双脚自然站立，左脚在前，左手经常放在裤兜里，有这种习惯的人人际关系较为和谐，他们从来不给别人出什么难题，为人敦厚笃实。这种人平常喜欢安静的环境，给人的第一印象总是斯斯文文的，不过一旦碰上比较气愤的事，他们也会暴跳如雷。

7. 双脚自然站立，双手插在裤兜里，时不时取出来又插进去。有这种习惯的人比较谨小慎微，凡事喜欢三思而后行。在工作中他们最缺乏灵活性，往往生硬地解决很多问题。他们大都经受不起失败的打击，在逆境中更多的是垂头丧气。

8. 两脚交叉并拢，一手托着下巴，另一手托着这只手臂的肘关节。这种人对自己的事业颇有自信，工作起来非常专心。

9. 两脚并拢或自然站立，双手背在身后。他们大多在感情上比较急躁，这种类型的人与人相处一般都比较融洽，可能很大的原因是他们很少对别人说"不"。

10. 双手交叉抱于胸前，两脚平行站立，具有强烈的挑战和攻击意味。对于年轻女孩来讲，这种姿势不太雅观。

11. 双脚自然站立，偶尔抖动一下双腿，双手十指相扣在腹前，大拇指相互来回搓动。这种人表现欲望特别强，喜欢在公共场合大出风头。如果什么地方要举行游行示威，走在最前面的、扛着大旗的多半是这种人。

12. 喜欢用脚或脚尖使整个腿部颤动，有时候还用脚尖磕打脚尖或者以脚掌拍打地面，这种人偏自我，他们很少为别人考虑，凡事从利己主义出发，并经常给周围朋友提出一些意想不到的问题。

臂部动作

双臂交叉是人们经常使用的一种臂腕姿势。我们常常见到在交谈或听报告时，有人喜欢将双臂交叉在一起，通常情况是用左右手分别抱住相反方向部位的手臂肘部，乍看上去，好似一种悠闲自得的神态。

那么，这种交叉双臂的姿势有什么样的心理意义呢？相信许多人都注意过这样的情形：裁判作出一个判定，某方球队教练有异议时，他就会跑到球场上，或直接冲到裁判的面前指手画脚地抗议，两手时而乱挥，时而愤愤不平地将双手插入口袋，甚至紧握拳头，以此威胁裁判。这时，即使电视转播的画面不将两人争吵的语言播放出来，我们也完全可以通过两人的面部表情和手势语言来猜测双方的交流内容。在这种情况下，裁判只需两眼瞪着这位教练，双手交叉在胸前，作出一种防卫性的姿态——实际上，他们大多会采取这种做法。这一动作表明，从那教练一开口，裁判就已经很明确地表达出他要坚持自己的判决，不管教练怎样抗议，都不会起到什么效果。有时，他还会一言不发，转过身去背对教练，意思是"你的废话已经够多了"。

由以上的实例可以看出，这种双臂交叉的姿势表示的是一种防卫、拒绝、抗议。研究人员发现，这种双臂交叉的动作在世界各地都可以见到，而且表示的意义也具有全球的普遍性。实际上，研究表明，交叉的体势——无论双手的交叉（不是十指交叉），双腿交叉相搭，还是双臂交叉，都构成一种"十"字或"X"形——显示出矛盾、多种情况交互影响或紧张等心理因素的存在。就双臂交叉的姿势来说，暗示当事者思想上的"疙瘩"，就如同处于十字路口上的人，不能确定何去何从，或者表示此人对对方所说的内容不那么信任，甚至有些排斥或拒绝。

因此，这一体态语言并不总是像大多数人所认为的那样，是舒适、自得的表现，相反，它往往是消极的、非开放的象征。事实上，它表示姿势使用者内心正处在选择的十字路口，犹豫不定，或者他已经在内心拒绝了对方的意见或建议。这时，为了能够改变对方的态度，使其接受或认同自己的思想观点，作为信息输出的一方，应设法使他放弃这种身体姿势。至于怎样判断这一姿势是属于防卫性的，还是属于放松性的，除了根据场合判断，还可以注意看他的手：手指是放松的还是握成拳头状，两手是轻松摊开的还是紧抓双臂以致青筋突起。

有研究指出，在人们所考察的各种非言语表达中，双臂交叉的姿势似乎最容易被人了解，也最富有感染力。在某次聚会上，如果你叉着双臂听别人发表意见或叉着双臂发表自己的意见，然后你会发现很快就有人学习你的姿势，起先是一两个，随后好些人都先后受到了影响。虽然不是所有人都叉起了双臂，但你会发现，大家的意见将出现分歧，而且各执己见，难以互相谅解。通过录像资料不难发现，无论在哪一时刻、以哪种方式提出的建议、命令或要求，一旦引起了对方的抵触情绪，就可能看到这种双臂交叉的动作，而后合作往往难以建立。如果不注意这种手臂姿势的变化，也就不容易把握各种时机，不容易将事情向有利于自己的方向转变。

手部动作

在日常生活中，无论是社交或玩耍中，人们有许多有意或无意识地伸出手来的机会，而专家研究发现，从伸手的动作和手掌、手指摊开的情形，可以看出一个人的性格与心理。

1.伸手时，把手摊得大大的人。为人爽直，一般想到哪里就做到哪里，精力充沛、胸襟豁达、不计较小事、不怕失败，即使跌倒了，也会很快爬起来。

2.伸出手来时五指并拢的人。多为做事一丝不苟、注意礼貌、凡事循规蹈矩的人，但是往往会因谨慎过度而耽误大事。在交友方面也一样，由于不肯推心置腹地与人交往，所以往往交不到好朋友。

3.伸出手时五指微张的人。个性诚实稳重，有强烈的责任感。从另一个角度看，却有胆小、跟不上时代的缺点。

4.伸出手时四指并拢、大拇指单独分开的人。多属出色的社交家，他们往往富有机敏性，能够把握住良机，并且善于运用钱财。

5.伸出手时食指和拇指留有间隙、其余手指并拢的人。自尊心强，喜欢强调自己的主张，讨厌受到别人的批评，这种人往往居于领导地位。

6.伸出手时中指与无名指之间有间隔的人。做任何事情都保持着愉快的心情，遇到困难也会设法克服。

7.伸出手时无名指与小指之间有间隔的人。不喜欢受到他人的束缚，有独立自主的意识，并且做任何事情都会未雨绸缪。

8.伸出手时手指稍微向内收缩的人。经济观念非常强，属于吝啬型的人物。

9.伸出手时五指全部往外弯成弓状的人。感受性很强，学习能力亦佳，而且点子很多。

10.伸出手时手指不弯曲、全部伸直的人。比较感情用事，具有丰富的情感，做任何事都有始有终，绝不会半途而废、虎头蛇尾。

11.手指非常坚硬又比较短小的人。比较谨慎，想法也比较偏颇，并欠缺通融性。

12.各指都偏向中指的人。一生都很忧郁，多半是个悲观主义者。

腕部动作

　　腕部是连接人的手掌与胳膊下端的部位，现代人多在此佩戴手表或其他饰品，例如手镯、手链等，也有少数的人在此部位纹饰各种图案。

　　手表以戴在左手腕为主，这符合大多数人的习惯，他们用右手做事，左手起辅助作用，左手戴手表不妨碍做事。极少数人喜欢戴在右手上，他们或是一时来了兴致，想尝试一下这样的戴法，或是为求标新而故意戴到右手上。总之，手表以戴在左手上为常，以戴在右手上为异。作为男性来说，手表的表面以朝向外侧即手背方向为常，这也表现了男性的开放、外向和不拘谨的特点。女性可以将表面朝向内侧，即手心的一侧，这给人一种文雅、矜持和稳重的感觉。一般情况下，女性也可将表面向外来戴，而男性绝少将表面向内来戴。否则，这样的男性会被认为是有某种女性化的倾向。

　　女性还可以显露腕部来示爱。根据研究，显露腕部柔软细腻的皮肤，是大多数女性用以讨人喜欢的一种方法。很久以来，西方人就有一种观点，认为腕部是人体最容易引起异性喜欢的部位之一。在面对面的交谈时，女人们喜欢让自己所爱慕的异性看到她们的手掌和腕部。会吸烟的女性在吸烟时也经常故意显露出她们的腕部，但那更多的是为了展示一种优雅的姿势。

　　扼腕是以一手握另一只手的腕部，多表示叹息、惋惜，中国古代有"扼腕叹息""扼腕不止"等说法，表示的就是这样的意思。

这种手势也同人的自我控制意识有关。人的情绪十分激动时，手部经常会有所动作。当人在内心感到叹惋时，为了控制手的动作，不至于做出出格的举动，手就不自觉地对手腕进行控制。这种"扼腕"的手势就可以看作是该控制行为的外在表现。

第七章
看人的习惯与从习惯看人

声音能给对方留下强烈的第一印象。有些人的声音轻缓柔和，有些人的声音带有沉重威严感。人们可以根据声音所获得的印象初步分析人的个性。

习惯的确会表现人的性格、人品，有时也是对他人产生影响的重要因素。当从脸部表情、动作、习惯无法掌握某人心态时，往往可从声音去揣摩其喜怒哀乐的情绪变化。

习惯性动作表达的讯息

个人的习惯性动作构成了身体语言的极大部分。每个人的举手投足都反映了他的心态和性格，他的一举一动随时在提供大量的信息。

1.时常摇头晃脑。

日常生活中我们经常"摇头"或"点头"，表示自己对某件事情看法的否定或肯定，如果你看到一个人经常摇头晃脑，那么你就会觉得不正常了。

从另一个角度来看，这种人特别自信，以至于经常唯我独尊。他们偶尔也会请你帮他办一些事情，但很多时候你做得再好他都不怎么满意，因为他有自己的一套，他只是想从你做事的过程中获取某种启发而已。

他们在社交场合很会表现自己，却时常遭到别人的微词，对事业一往无前的精神倒是被很多人所欣赏。

2.拍打头部。

拍打头部这个动作多数时候的意义是在向对方表示懊悔和自我谴责，他肯定没把你上次交代的事情放在心上。如果你正在问他"我的事情你办了没有"，见他有这个动作的话，就不用他再回答了。

倘若你的朋友中有人做这样的动作，而他拍打的部位又是脑后部，那么他这种人不太注重感情，而且对人苛刻，他选择你作为他的朋友，很大程度上是因为你在某个方面可以被他利用。当然，他也有很多方面值得你欣赏，诸如对事业的执着和开拓精神等，尤其是他对新生事物的学习精神，你不由得真心佩服他。

时常拍打前额的人一般都是心直口快的人，他们为人坦率、真诚、富有同情心，在耍心眼方面你教都教不会他。如果你想从某人那儿了解什么事的话，这种人是最佳人选。不过这并不代表他是一个不值得信赖的朋友，相反，他很愿意为别人帮忙，替别人着想。这种人如果对你有什么得罪的话，请记住，他们不是有意的。

3.边说边笑。

与这种人交谈你会觉得非常轻松和愉快，他们不管自己或别人的讲话是否值得笑，有时候连话都还没讲完他就笑起来了。他们也并非是不在意与别人的交谈，我们只能说这种人的"笑神经"特别发达。

他们大都性格开朗，对生活要求不太苛刻，知足常乐，而且特别富有人情味，无论走在什么地方，他们总是有极好的人缘。这对他们开拓自己的事业本来是极大的优势，可惜这类人大多喜爱平静的生活，缺乏积极向上的精神，否则这个世界很多东西都该属于他们。

他们的另一特点是感情专一，对爱情和婚姻特别珍惜，如果你是他最心爱的人，他可以为你牺牲一切，如果你让他伤心透顶，他们则可能会做出不理智的行为，因为他们大都感情用事。

4.边说话边打手势。

这种人与人谈话时，只要他一动嘴，多半会有一个手部动作跟随，摊双手、摆动手、相互拍打掌心等，好像是对他说话内容的强调。他们做事果断、自信心强，习惯于在任何场合都把自己塑造成一个领导型人物，有一种男子汉的气魄，性格大都属于外向型。

这类人去演讲会极尽打动人心之能事，他们良好的口才时常让人信服。

这类人对朋友相当真诚，但他们不轻易把别人当作自己的知己。踏实肯干的性格使他们在事业上大都小有成就。

5.交谈时摸头发。

如果与你面对面坐着或站着，这种人总是时不时地摸一摸头发，好像在引起你对他们发型的关注，你可能会想他们今天肯定特意梳整了一番。其实不然，因为这种人就是一个人在家看电视，他们也会每隔三五分钟"检查"一下头发上是否沾上了什么不好的东西。

他们大都性格鲜明，个性突出，爱憎分明，疾恶如仇。他们一般很善于思考，做事细致，但大多数人缺乏一种对家庭的责任感。

他们的喜悦来源于追求事业的过程。仔细想来你就会明白，喜欢拼搏和冒险的人，他们是不在乎事情的结局的，他们在某件事情失败后总是说："我问心无愧，因为我去干了。"

6.摆弄身上的饰物。

这种情况可能会让人联想起第一次约会的情景，两个人站着或坐着，女孩子总是时不时地摆弄一下她手里的东西，或者衣物上的扣子、装饰品，她太认真了，以至于不敢轻易接近男方。

的确，有这种习惯的人多数是女性，而且她们一般都比较内向，感情不外露，谈恋爱时哪怕心中烧得像一团火，她们仍然能淡然地看着你。这种人情绪容易波动，只是很少让人察觉。

她们的另一个特点是做事认真，大凡有座谈会、晚会或舞会，人们全都散了、走了，最后把桌凳归还原位的多半有她们。作为妻子，肯定会是贤妻良母。

虽然她们时常被人看作胆小鬼，但她们一旦被人激怒，行事则十分大胆。

7.挤眉弄眼。

这类人特别会处理人际关系，尽管他们十有八九都略显高傲，因为他们的处事大方为其掩盖了很多不足。在事业上他们善于捕捉机会，深得上司的赏识。

8.掰手指节。

这种人习惯于把自己的手指掰得咯嗒咯嗒地响，不管有人无人，有事还是没事。旁人如果在心烦意乱时听到这一种响声，一定极不舒服。

这类人通常精力旺盛，哪怕他得了重感冒，如果叫他去参加一场他平常喜爱的活动，他同样会从床上爬起来。他们还很健谈，喜欢钻牛角尖，思维逻辑性较强，经常把你的谈话、文章说得你哭笑不得。

他们是典型的多愁善感型的人，而且是出名的"情种"，他们可能与异性只相处一两次就爱上对方。

这类人对工作内容、工作环境很挑剔，如果是他喜欢干的，他会不计任何代价而踏实努力地帮助你。相反，他即使不当众出你的丑，也多半会暗地里甩你的"冷板凳"。

9.腿脚抖动。

无论是开会，还是与人交谈，或是独自坐在那儿工作，或是看电影，这类人总喜欢用腿或者脚尖使整个腿部颤动，有时候还用脚尖磕打脚尖，或者以脚掌拍打地面，这种行为当然不能登大雅之堂，但习惯者总是习以为常。

这种人最明显的表现是自私，他很少为别人考虑，凡事从利己主义出发，尤其是对配偶的占有欲特别强，经常会无缘无故地制造一些"醋海风波"，在这个问题上说他们有些神经质一点也不过分。他们对别人很吝啬，对自己却很慷慨。

不过这类人很善于思索，他们经常给周围朋友提一些意想不到的问题。

听声识个性

声音能给对方留下强烈的第一印象。有些人的声音轻缓柔和，有些人的声音带有沉重威严感。人们可以根据通过声音所获得的印象去分析人的个性。

声音的确会表现性格、人品，有时也是预测个人前途的线索。从脸部表情、动作、言辞无法掌握心态时，往往可从声调去揣摩其喜怒哀乐的情绪变化。

1.高亢尖锐的声音。

发出这种声音的女性情绪起伏不定，对人的好恶感也极为明显。这种人一旦执着于某一件事，往往顾不得其他。不过，她们通常也会因一点小事而伤感情或勃然大怒。这种人会轻易说出与过去完全矛盾的话，且不以为然。

声音高亢者一般较"神经质"，对环境有敏感的反应，如房间变更或换张床则睡不着觉。富有创意与幻想力，美感极佳而不服输，讨厌向人低头，说起话来滔滔不绝，常向他人灌输己见。面对这种人不要给予反驳，表现谦虚的态度即可使其深感满足。

男性中发出高亢尖锐声音者，个性狂热，容易兴奋也容易疲倦。这种人对女性会一见钟情或贸然地表白自己的心意，往往会令对方大吃一惊。

高亢声音的男性从年轻时代开始即擅长发挥个性而掌握成功之道，这也是其特征之一。

2.温和沉稳的声音。

音质柔和、声调低的女性属于内向性格，她们常顾及周遭的情况而压抑自己的感情，同时也渴望表达自己的观点，因而应尽量让其抒发感情。

这种人具有同情心，不会坐视受困者于不顾。她们属于慢条斯理型，上午往往有气无力，下午则变得活泼也是其特点。

男性带有温和沉着声音者，乍听上去显得老实，其实有其顽固的一面，他们往往固执己见，绝不妥协，不会讨好别人，也绝不受他人意见所影响。

作为会谈的对象，这种人刚开始虽难以相处，他们却是忠实牢靠的人。

3.沙哑声。

女性发出沙哑声通常较具个性，即使外表显得柔弱，也具有强烈的性格。虽然她们对待任何人都亲切有礼，却很少暴露自己的真心，令人有难以捉摸之感。她们虽然可能与同性意见不合，甚至受人排挤，却容易获得异性的欢迎。她们对服装的品味极佳，也常常具有音乐、绘画的才能。面对这种类型的人，不要强行向她们灌输你的观念。

男性带有沙哑声者，往往是耐力十足又富有行动力的人，即使一般人裹足不前的事，他也会铆足劲儿往前冲。缺点是容易自以为是，而对一些看似不重要的事掉以轻心。

具有这种声质者，会凭个人的力量拓展势力，在公司团体里率先引导众人。越失败越会燃起斗志，全力以赴。这种声质者有很多成了成功的政治家、文学家、评论家。

4.粗而沉的声音。

发出沉重的有如自腹腔而出声音的人，不论男女，都具有乐善好施、喜爱当领导者的性格。喜好四处活动而不愿静候家中，随着年纪的增长，体型可能会变得肥胖。

女性有这种声音者在同性中人缘较好，容易受到众人信赖，成为大家请教的对象。这种人是最好相处的。

有这种声音的男性通常会开拓政治家或实业家的生涯，不过，其感情脆弱又富有强烈正义感，争吵或毅然决然的举止会使其日后懊悔不已。这种人还比较容易干脆地购买高价商品。

这种类型的人不论男女均交友广泛，能和各式各样的人往来。

5.娇滴滴而黏腻的声音。

女性发出带点鼻音而黏腻的声音，通常是极端渴望受到众人喜爱的人。这种人往往心浮气躁，有时由于过多希望博得他人好感反而招人厌恶。

如果是单亲家庭的孩子，则表明内心期待着被年长者温柔对待。

男性若发出这样的声音，多半是独生子或在百般呵护下长大的孩子。这种人独处时常会感到非常寂寞，碰到必须自己判定的事物时会感到迷惘而不知所措。他们对待女性非常含蓄，绝不会主动发起攻势。若是一对一地和女性谈话时，会特别紧张，因此这种人在他人眼中显得优柔寡断。

握手透露的信息

握手，是现代社会人与人交往中的一种习惯性礼节。虽然只是简单的动作，这其中却也有很大的学问。有专家研究表明，握手可以反映出一个人的很多信息。

握手时的力量很大，甚至让对方有疼痛的感觉，这种握手的方式在一定程度上说明了握手者的内心比较真诚；同时，他们的性格也是坦率而坚强的。

握手时显得不甚积极主动，手臂呈弯曲状态，并往自身贴近，这种人的性格多是小心谨慎，封闭保守的。

握手时只是轻轻地一接触，握得不紧也没有力量。这种人多属于内向型人，他们时常悲观，情绪低落。

握手时显得迟疑，多是在对方伸出手以后，自己犹豫一会儿才慢慢地把手递过去。排除一些特殊的情况以外，在握手时有这种表现的人，性格多内向，且缺少判断力，不够果断。不把握手当成表示友好的一种习惯，而把它看成是例行公事，这表明此种人做事草率，缺乏足够的诚意。

一个人握着另外一个人的手，握了很长的时间还没有收回，这是一种测验支配力的方法。如果其中一个人先把手抽出、收回，说明他没有另外一个人有耐力。相反，另外一个人若先抽出、收回，则说明他的耐心不够。总之，谁能坚持到最后，谁获胜的把握就大一些。

虽然在与人接触时，把对方的手握得很紧，但只握一下就马上松开了。这样的人与人交往中多能够很好地处理各种关系，与每个人都很友善，可以游刃有余。但这可能只是一种假象，其实在内心里他们是非常多疑的，他们不会轻易地相信任何一个人，即使别人是非常真诚和友好的，他们也会倍加小心。

　　在握手时非常紧张、掌心有些潮湿的人，在外表上，他们的表现冷淡、漠然，非常平静，一副泰然自若的样子，他们的内心却是非常不平静。只是他们懂得用各种方法（如语言、姿势等）来掩饰自己内心的不安，避免暴露一些缺点和弱点。他们看起来是一副非常坚强的样子，在他人眼里，他们就是强人。在遇到危难的时候，人们可能会把他们当成救星，实际上，他们也非常慌乱，甚至比他人还要严重。

　　握手时显得没有一点力气，好像只是为了应付一件不得不做的事情，而被迫去做的。他们在大多数时候并不是十分坚强，甚至是很软弱的。他们做事缺乏果断、利落的干劲儿和魄力，显得犹豫不决。他们希望自己能够引起他人的注意，可实际上，其他人往往在很短的时间内就会将他们忘记。

　　用双手和别人握手的人，大多是相当热情的，有时甚至热情过了火，让人觉得无法接受。他们大多不习惯于受到某种约束和限制，喜欢自由自在，按照自己的意愿生活。他们有反传统的叛逆性格，不太注重礼仪、社交等各方面的规矩。他们在很多时候是不拘小节的，只要能说得过去就可以了。

　　握手时，把别人的手推回去的人，他们大多都有较强的自我保护心理。他们常常感到缺少安全感，所以时刻都在做着准备，在别人还没有出击但有这种倾向之前，先给予有力的回击，占据主动地位。他们不会轻易地让谁真正地了解自己，否则会使他们的不安全感更加强烈。他们之所以这样，在很大程度上是由于自卑心理在作祟。他们不会去接近别人，也不允许别人轻易接近自己。

习惯于抽水机般握手方式的人，他们大多有相当充沛的精力，能同时应付几件不同的事情。他们做事非常有魄力，说到做到，干脆而又利落。除此以外，这一类型的人为人也较亲切、随和。

像虎头钳一样紧握着对方手的人，在绝大多数时候都显得冷淡、漠然，有时甚至是残酷。他们希望自己能够征服别人，但他们会巧妙地隐藏自己的这种欲望，并运用一些策略和技巧，在自然而然中达到自己的目的。从这一方面来说，他们是很工于心计的。

可见，握手的习惯虽然看似平淡无奇，但通过深层次的分析，我们便能分辨出对方的性格。

从体型看性格

有的人在工作或社交场合中总是把自己的内心包裹得严严实实，要想认识他的性格，并不简单。但是人至少有一件东西是难以包裹的，那就是他的体型。人的体型无法受意识控制，却能反映内心。

德国精神病学和心理学专家克雷齐默尔在 1921 年发表了《身体结构和性格》，最先将体型与性格联系起来，并进行归类和系统研究。

下面介绍 6 种不同的体型及其常见性格分析。

1.肥胖型。

这种体型的人的特征就是在胸部、腹部、臀部上厚积了一大堆脂肪。一旦腹部等处凝聚大量脂肪，俗称"中年肥胖"便出现了。这类人能很快适应周围情绪的变化，多属于好动的人，乐于被奉承，喜欢偷懒，有时在工作中耍点小聪明。其中许多人仍容易被周围的人原谅，是受欢迎的人。

他们的性格特征是活泼开朗、喜好社交、行动积极、善良而单纯，经常保持幽默或充满活力，也有稳重、温文尔雅的一面，常突然地改变为喧哗或文静态度，属躁郁质类型。他们中有许多人是成功的政治家、实业家，他们的理解力及同时处理许多事务的能力强，但考虑欠缺一贯性，常失言，做事过于轻率，自我评价过高，喜欢干涉对方言行，好管闲事。

2.略瘦削的健壮型。

这类人争强好胜，无论什么事都愿接受挑战。他们常用"我认为……"的口气说话，拥有坚强信念，充满自信心，坚持不懈，百折不回，判断及裁决迅速果断，坚信"天生我材必有用"，工作中是值得信赖的好伙伴，商业交往中是好顾客。

但这种强烈个性有时向坏的方向发展，就表现为硬干到底、专制、高压、不信任他人、态度粗暴。在工作岗位上，如果有人无法默默地顺从他们的意志，他们就会立即与该人断绝往来。

如果有人不幸和此类人结下仇怨，则由于这类人欠缺思考的柔韧性，一旦在脑海中存在某种想法后，要想改变他的想法就很困难。

与这种人接触、交往时，不可以与他对立。因为这类人通常带有攻击性，在自己的正确性被认同之前，必会急切地主张自我的正当性，这类人被认为属于偏执质类型。

3.苗条而有心事型。

瘦弱型人中许多人都隐藏心事，给人无法接近、无从交往的感觉。

瘦弱女性大都个性刚强，生起气来连家人都招架不住。

这类人的最大特点是冷静沉着。但其性格相当复杂，存在互相矛盾的地方，属于分裂质类型。他们对幻想中的事物兴趣大，不让人了解自己的内心或私生活，以冷漠面纱包裹自己。

此类人不愿与平常人相交为友，而表现出一种贵族气质，他们身上常散发着一种罗曼蒂克情调。

他们专心致志于鸡毛蒜皮的无聊小事，倔强而不肯通融，骄傲且外表冷漠，当无法下决心时，全凭冲动裁决事物。但他们天生对文学、美术、手工艺感兴趣，对流行服饰感觉敏锐。对他人的一些小事非常热心，表现出优雅的社交风度。

与这类人交往时要知道他们生活细致、严谨，又有点迟钝，意志薄弱。

4.强健型。

这类人拥有黏液质类型人的特征，第一特征是肌肉发达、筋骨强健、体态匀称、肩幅宽阔、头部肥胖、言行循规蹈矩、一丝不苟，诚实正直。他们的抽屉内井然有序，写字字体是一笔一画的正楷风格。

这类人的第二个特征是常以秩序为重，讲求规律，每天生活充实，一旦着手做某项工作，必坚持到最后完成。

这类人的第三个特征是做事迟缓，说话绕圈子，唠叨不停，写文章偏于冗长、谨慎而周到，洋洋洒洒一大篇。

这类人是足以信赖但又稍嫌欠缺趣味性的坚硬型人物。

这类人有顽固执着的一面，也有拘泥形式爱思考的习惯。

5.娃娃脸型。

这类人让别人怎么看也看不出年纪大小，脸长得像个娃娃，即未成熟型的人。他们以自我为中心，个性很强，因此又表现为显示型性格。

如果话题不是以他们为中心，他们就会不愉快，他们完全不听他人的话，属任性类型。

他们对每一门类都不精通，但拥有广泛知识，谈吐风趣，擅长搞笑。谈话常用"我……"方式开口且没完没了。他们属于天真而无心机的人，但他们自己并不知道自己没有成人的个性和思想，所以有点悲哀。如果自己被奉承，就很好，如果受到冷遇，就会嫉妒，这时要小心他们变成歇斯底里状态。

如果这类人是女性，你只能充当听众。在商场上要注意这类人，她们轻薄任性，没有主见，容易受他人意见左右，如果对她们过于信赖而受损失，可就追悔莫及了。

6.瘦弱细线条型。

这类人强烈的敏感性使他对自己周围的变化非常敏锐，常会过于留意周围人的动静。这类人头脑聪明，知识分子较多。这类人勇于承担责任，犯错时常会说"都是我不好……"

这类人心理不稳定、失衡，心情焦虑，富有自省精神，经常能发现自己的缺点。

文静、真诚而又顺从的神经质的性格，给他人的印象是没有自主性、迟钝、性情易变、不易相交。

对于受朋友或上司托付的事，尽其所能去实现，要遵守约定、注意礼节等。

应该说，体型说在经典心理学上增添了引人注目的一笔。但是单纯以个体的身体结构作为人格分类和个性心理特征立说的基础，有很多弊病和错误。其中，最主要的有两点：一是体型的胖瘦可能随环境、年龄而变化。比如有些人一旦条件改善就会胖起来，瘦长型青少年到中年时可能变胖，肥胖者也可能因疾病困扰而变瘦。个性的变化与胖瘦的变化是否相关，尚不可测，因此就不能单一以某一时期的体型去预测其个性特质。二是虽然某一体型与某些人的个性有很高的相关系数，但这只显示两者之间有关系，而不能确定其因果关系。是体型决定个性还是个性决定了体型？体型论者认为是体型决定了个性，这实在有进一步研究的必要。

不过，将不具形体的个性心理，用体型的"尺子"来测量，的确是一种化繁为简的做法。从大量事实来看，某种体型的人也确实容易形成某种个性品质和特征，借此可以对人的心理进行粗略观察和初步判断，只要不过于机械，还是有一定效果的。

穿着打扮显个性

随着社会的进步与发展，从衣着打扮的习惯上分析一个人的难度在无形之中增大了。因为现在的人们提倡张扬个性，不再拘泥于这样或那样的形式，所以不能按照传统的习惯进行观察和判断。但也正是由于张扬个性，不拘泥于形式，人们可以更加充分地展示自己的心理状态、审美观点等，从而找出某些内在的规律。

一般来说，习惯穿简单朴素衣服的人，性格比较沉着、稳重，为人较真诚、热情。这种人在工作、学习和生活当中，踏实肯干、勤奋好学，评判事情客观、理智。

习惯穿单一色调衣服的人，多是比较正直、刚强的，理性思维要优于感性思维。

习惯穿淡色衣服的人，性格比较活泼、健谈，且喜欢结交朋友。

习惯穿深色衣服的人，性格比较稳重，显得城府很深，不太爱多说话，凡事深谋远虑，常会有一些意外之举，让人捉摸不定。

习惯穿式样繁杂、五颜六色衣服的人，大多虚荣心比较强，爱表现自己，乐于炫耀。他们任性，甚至还有些飞扬跋扈。

习惯穿特别艳丽的衣服的人，一般都具有很强的虚荣心和自我表现欲。

习惯穿流行服饰的人，最大的特点就是没有自己的主见，不明确自己有什么样的审美观。他们多情绪不稳定，且无法安分守己。

习惯根据自己的喜好选择服装而不跟着流行走的人，多是独立性比较强、有果断决策力的人。

习惯穿同一款式服装的人，性格大多比较直率和爽朗，他们有很强的自信，爱憎、是非、对错往往都分得很明确。他们的优点是做事不犹豫，显得非常干脆和利落，言必行，行必果。但他们也有缺点，那就是清高自傲，自我意识比较浓，常常自以为是。

喜欢穿短袖衬衫的人，他们的性格是放荡不羁的，为人却十分随和、亲切，他们热衷于享受，凡事率性而为，不喜欢墨守成规，喜欢有所创新。他们自主意识比较强，常常是以个人的好恶来评定一切。他们虽然看起来有点吊儿郎当，但实际上心思还是比较缜密的。而且什么时候都知道自己是做什么的，所以他们能够三思而后行，小心谨慎，不至于因为任性而做出错事来。

喜欢穿长袖衣服的人，大多比较传统和保守，为人处世都循规蹈矩，而不敢有所创新和突破。他们的冒险意识在某一方面来讲是比较缺乏的，但他们又喜爱争名逐利，自己的人生理想定得也很高。这样的人最大的优点就是适应能力比较强，把他们任意放在哪一个地方，他们都会很快地融入其中，所以通常会营造出比较好的人际关系。他们很重视自己在他人心目中的形象，希望得到注意、尊重和赞赏，从而在衣着打扮、言谈举止等各个方面都严格地要求自己。

习惯宽松自然的穿着，不讲究剪裁合身、款式入时的衣物的人，多是内向型的。他们常常以自我为中心，而不去融入其他人的生活圈子里。他们有时候会感到孤独，也想和别人交往，但在与人交往中，又总会出现许多的不如意，所以到最后还是以失败而告终。他们多数没有朋友，可一旦有，就会是非常要好的朋友。他们性格中害怕、胆怯的成分比较多，不容易接近别人，也不易被人接近。他们对团体的活动一般不感兴趣。

习惯打扮素雅，以实用为原则的人，他们多是比较朴实、大方、心地善良、思想单纯而又具有一定的宽容和忍耐力的人。他们为人十分亲切、随和，做事脚踏实地，从来不会花言巧语地去欺骗和要弄他人。他们思想单纯，但绝不是对事物缺乏自己独特的见解。他们具有很好的洞察力，总是能把握住事情的实质，而做出最妥善的决定和方案。

习惯穿色彩鲜明、缤纷亮丽服饰的人，他们多是比较活泼、开朗、坦率、豁达，对生活的态度比较积极、乐观和向上的人。同时，他们的自我表现欲望比较强，常常会制造些意外，给人带来耳目一新的感觉，以吸引他人的目光。

从爱好中读懂几类人

有一种人天生爱好收藏物品，借着有人提及这方面的话题，他立刻就会侃侃而谈，整个谈话都处在一个激昂的气氛中。可当话题一转到工作或家庭上，他立刻缄口不言了。由此可以判断，这种人将本应投在工作或家庭上的精力投注在了兴趣上，其原因可以在谈话中逐渐了解。可能是对工作单位或上司不满，也可能对自己的学历感到自卑，或者夫妻生活不协调及没有儿女等。

每个人多少都会对工作或家庭感到不安与烦恼。"兴趣"的确有化解这方面苦恼的功能。心理学上将这种烦恼与不安靠其他行为予以消除的现象，称为"补偿行为"。但一个人非常热衷于某项事物，也可能是一种逃避现实的行为。换言之，在这种情况下，工作和家庭都不是自己的世界，唯有兴趣才是满足自己欲望的唯一出路。

这种状态，心理学认为属于一种病态，一个典型例子就是"狂热"。不少人有收集邮票、昆虫、烟斗等物品的兴趣，可是一旦对收集狂热起来，就可能逐渐"走火入魔"，产生所谓"自闭性格"，这多发生在具有偏执性格的人身上。对一般人来说，一旦相当热衷于某事，由于无法忍受强烈的自闭性世界，而在中途解脱出来，这些人大都能恢复平衡的精神状态。可是，被称为收集狂的人，其偏执个性往往逐渐增强，以致无力自拔。

这种人对收集的物品异常珍惜，即使是最心爱的妻子，也不容许她乱动。虽然他们对这些物品有向人展示的欲望，但又对之如视珍宝，绝对不会借给别人，同时又时时觊觎他人的心爱之物。如果再观察这些人的工作态度，就会发现他们固守自我防线，极端厌恶别人越雷池一步。他们是典型的独善其身、自扫门前雪类型的人。

通过爱好了解他人心理的另一个要点是——兴趣的种类，即观察对方的兴趣属于哪一种。如果将兴趣划分为个人兴趣与团体兴趣的话，前者多属于逃避现实型，后者则多半为情绪稳定型。

有钓鱼的兴趣的人，喜欢躲在山中或小溪边，独享垂钓之乐，这种人喜欢躲在与世隔绝的象牙塔里，寻求精神上的安定。由于他们在工作场所和家庭中无法与人和睦相处，便逃入孤独的世界里。这种类型的人一旦热衷于某种个人兴趣，便有徒增其自闭性的危险。

喜欢与陌生人共享垂钓之乐的人，他的精神生活常常极为稳定。他们积极地靠兴趣来排解日常生活中未获满足的欲望，因此，工作、家庭和业余生活都能得到健全发展。

同样，喜爱运动的人，情绪也大都稳定，尤其是消耗体力的活动。如骑自行车旅游的人，他们绝无自闭性恶性循环的担心。

有一种人喜欢在别人面前故意若隐若现地炫耀自己拥有巨额金钱，而实际上却很吝啬；还有一种人无论高兴还是不高兴，都有着强烈的胡乱购买欲，他们属于欲求不满型的人；也有人平常非常吝啬，但若是自己感兴趣的事，又不惜投资巨款，不管十万几百万的付出，连眉头都不皱一下，这种人多数在性格上有自卑感。

信奉"有钱能使鬼推磨"的人，属双向性分裂症型。你向这种人借一块钱，他都会永久地向你讨这份人情。并且他们对任何事情都要讲小道理，一般对于股票、土地、贵金属的投资非常感兴趣。

按照计划使用金钱的人，虽然是很可靠的人，不过他精打细算得非常冷酷。这种人大多数不会将工资卡交给妻子。只有自己认为需要用钱时，才肯心甘情愿地拿出。于是，妻子只好养成说谎的习惯，否则自己中意的东西就不能买。

在心理学家眼中，读书不仅能增加一个人的知识和修养，而且所读之书的不同类型还能某种程度上反映出一个人的性格，不妨看看下列分析。

爱情小说：你是一个感情型的人，相信直觉，生性乐观，通常可以很快从失望中恢复过来，东山再起。

自传：你的好奇心强，谨慎，野心大，在作出决定前，你定会先研究各个选择的利弊及可行性。

报纸及新闻性杂志：表明你是一个意志坚强的现实主义者，并善于接受新思想。

漫画：你喜欢玩乐，性格无拘无束，拒绝把生活看得太认真。

宗教典籍：很明显，你是一个诚实而勤恳的人，同时也很容易原谅别人。

侦探故事：你很喜欢接受思想上的挑战，你是一个出色的解决问题者，别人不敢碰的难题，你都愿意去解决。

恐怖小说：日常生活对你来说太沉闷了，你很想寻找刺激及冒险。

科幻小说：你是一个富有幻想力及创造性的人，喜欢为将来做好计划。

财经杂志：你是一位极爱竞争的人，最喜欢把别人比下去。

妇女杂志：你有意成为一个"女强人"，希望事事都表现得出色。

时装杂志：你很在意自己的身份，你会尽力改善自己在别人眼中的形象。

历史书籍：你是一个很有创造力的人，不喜欢胡扯、闲谈，你宁愿花时间做些有建设性的工作，也不会去参加社交活动。

哲学著作：你是一个勤于思考的人，对周围的一切都表示怀疑，容易把问题想得复杂、严重。你不喜欢交际，因为你觉得别人不值得交往。你自信心很强，但缺乏处世的热情。

街头采风、轶事趣事杂志：富有同情心，乐观，你时常能用言语来娱乐他人，有源源不断的趣味性资料做话题，令你成为办公室里或晚会上受欢迎的人物。

诗歌：你是一位多愁善感的人，感情细腻，观察力强，敏感而富于幻想。你对人热情，但时常又以自我为中心，性格孤傲。

人类的兴趣种类繁多，不胜枚举。因此，我们以爱好探视人心时可以参考以上分析。一般人在听到有关"兴趣"的话题时，无论自己有没有这类爱好，都会参加进去做适当的评论。假使某人对某种特定的爱好表示出极端的厌恶，则表明他可能曾受到过某种心灵的创伤。

通过吃饭习惯看人

吃饭是人类日常生活中不可或缺的一项重要内容，人只有吃饭，才能够维持生命的存在。通过观察对方吃饭习惯，我们也可以来探究一个人的内心。

习惯站着吃饭的人，并不是特别地讲究吃，他们追求简单、方便，既省时又省力，只要能填饱肚子就可以了。他们在生活中并没有太大的抱负和野心，很容易满足，他们性格温和，懂得体贴别人，为人也慷慨大方。

习惯边做事边吃饭的人，其生活节奏很快，因为有许多事情要做，他们显得比较繁忙，但他们并不把这个当作是自己的烦恼，他们甚至还觉得很高兴。

习惯边看书边吃饭的人，属于为了活着才吃饭的人，他们吃饭只是为了维持身体的需要。有这种习惯的人，他们的时间表总是安排得满满的，为了能够做更多的事情，他们不得不想方设法地挤时间。这类人很有野心，并且也有具体的计划可以使自己的梦想变成现实。他们拥有积极向上的乐观精神，会把想法付诸实践。

习惯边走边吃东西的人，虽然给人的感觉是来也匆匆去也匆匆，像是时间很紧张的样子，但实际则不一定如此，紧张很有可能是由于他们自己缺少组织性和纪律性而造成的。这样的人多比较冲动，经常意气用事，结果把事情搞到不可收拾的地步。

经常有饭局的人，多属于外向型的人，而且人际关系处理得也比较好。这样的人，如果不是某一方面有较突出的才能，具有一定的权力和地位，就是为人比较亲切、和蔼，并深谙人情世故，比较圆滑和老练。

习惯一边看电视一边吃饭的人，多是比较孤独的人，看电视或许是他们消除内心孤独的方式之一。

吃饭速度比较快的人，做任何事情都重视效率，而且也追求速度，他们总是希望在最短的时间内将事情做完、做好。结果与过程对他们而言，前者相对更重要一些。

吃饭喜欢细嚼慢咽的人与吃饭速度很快的人恰恰相反，他们是属于那种慢性子的人，凡事都能以缓慢而又悠然的方式来做，这从一个侧面也说明了他们是懂得享受的人。

习惯于自己带饭盒来解决吃饭问题的人，是相对较传统、节俭的人，他们会遵从于自己的某些想法和做法，而不因外界的干扰轻易地改变。

习惯在外边吃饭时把剩余的饭菜带回家的人非常节俭，不会轻易地浪费任何东西。同时他们也是缺乏安全感的人，总觉得自己在不断地受人剥削，但实际情况并不是如此。

喜欢在餐厅里吃饭的人，多是比较懒惰而又好享受的人。毕竟在餐厅里有人侍候，而不需要自己动手，但前提则是经济条件允许。如果经济条件不允许还这样做，就显得十分不恰当了。这样的人不善于照顾自己，但他们希望他人能够体会到自己的这种心情，然后来关心和照顾自己。他们不会轻易付出，往往会在他人付出之后自己才行动。

经常在家里吃饭的人，在一定程度上表明他们对家庭是相当重视的，具有一定的责任心。他们不太热衷于被人照顾和侍候，这样有时反倒会让他们感觉不自在，他们更倾向于自己动手。

吃饭时定时定量，说明这个人的生活十分规律，而这些规律如果没有特别意外的事情发生，是不会轻易改变的。他们的生活虽然很有规律，但并不意味着为人处世呆板、教条，相反可能很灵活。只是无论在什么时候，他们都具有一定的原则性。

总是要求别人给自己东西吃，这样的人一般来说依赖性是很强的，他们总是不能很好地安排自己的一切，但又有些贪图享受，而且还希望这种欲望得到满足。他们情愿别人永远把自己当成一个孩子一样地宠着。他们的责任心并不是很强。

没有吃早餐习惯的人，一般可以分两种情况来讲：一种是生活时间表安排得太满了，忙得没有时间吃早餐。这样的人大多有很强的事业心和责任心，能够为了更有意义的事情而放弃一些在他们看来并不是十分重要的事情。还有一种就是早餐的时间已经到了，可他们还没有从床上爬起来。这又分两种情况，一种是前一夜工作得太晚、太累了，另外一种是整天无所事事，企图赖在床上耗时间。

只吃主餐不吃零食的人，多能够严格要求自己，会给自己制订一个目标，鼓励自己朝着目标努力，并告诉自己说达到什么样的程度可以得到什么样的奖励，以便更好地工作、学习或生活。

整天吃零食的人，多是无所事事、闲着无聊的人。其实他们并不饿，只是想靠不断地吃东西来使自己活动起来，借此消除内心的烦躁和焦虑。

吃饭形成的规律既是日积月累促成的，也是性格和习惯的外露。

透过签名看习性

每一个人都会有不同的签名，也就是说每一个人的签名都是独特的。有心理学家研究，一个人的签名习惯代表了他的个性。

在签名时，有些人习惯把最后一笔当作底线，而这一底线又是强劲有力、笔画直而不显夸张的，他们的性格就如同这底线一样，一般都有着非常强烈的自信感，而且有一股不屈不挠的精神，这从他们做事的过程中能够体现出来。一件事情，在没有完成之前，他们会始终坚持，而不会轻易放弃，哪怕这其中要付出很大的代价也在所不惜。

签名时的字非常小，而且又紧紧地凑在一起，这表明签字者想要用最小的空间做最大的用处，他们是十分懂得节俭和精打细算的人。他们不会太在意其他人怎样看自己，只要是自己认为做起来有意义的事情，就会义无反顾地去做。他们做事情常常初衷是好的，可是最后却达不到预期的效果。

在签名的时候，习惯于写大字体、花体字、装饰字的人，多是缺乏一定自信心的人，他们借这样一种方式来掩饰自己信心的不足，可实际上却是欲盖弥彰。他们所签名字的字体虽然看起来很有一些味道，但只要仔细一看就知道其中缺少内在的东西，也就是所谓的一种神韵。

签名向左斜，其他字向右斜。这种类型的人多有很强的叛逆性，但这种叛逆性可能并不是自己真实本性的流露，而可能是佯装出来的潇洒。很多时候，他们总是不断地过分追求一些表面化的东西，给人造成一种假象，觉得他是一个十分不好亲近的人，而且显得很冷淡和漠然，可实际上，他们是十分平易近人而又和蔼可亲的，并且也乐于与人交往。

签名向右斜，而其他字向左斜。这种类型的人往往具有高超的社交经验，他们会很快让自己成为关注的焦点。除了他们会使用一些为人处世的技巧外，主要还在于他们开朗、热情而又诙谐幽默的个人魅力。虽然从表面上看来，他们与其他人及所在的场合是完全融在一起的，但实际上，他们常常会跳出圈子之外，以一个旁观者的眼光来审视一切，因为这样更有利于他们社交。

签名时的字体不断地下降，表明这类人在面对某一类问题时总是缺少足够的信心和耐力，遇到挫折和困难时，时常会有无法承受的感觉，从而妄图采用逃避的方式拒绝承担责任。

签名时的字体不断地上升的人，有很强的自信心，而且他们还有勃勃的野心，并有通过努力必胜的决心。他们做事之前，一般都会经历一番比较严密的思考，然后制订出切实可行的计划和方案，最后在确保不会有多大闪失的情况下才会行动。他们有一种不屈不挠的精神，从来不会轻言放弃，他们的成功多是从最底层开始一点一点建立起来的。

签名时字体比一般字体要大得多的人，自我表现欲望强烈，而且还有一些自我膨胀的倾向。他们多强调的是一些表面化的东西，希望在视觉上给人留下耳目一新的印象。他们的这一目的在很多时候都能达到，但这也是最后的底线了，无法往更深层次发展。缺少内涵，所以只能在外表上多下功夫。

签名时字体比一般字体小的人，与签名字体比一般字体大的人恰恰相反，他们一般没有自我膨胀的倾向，甚至总是认为自己是非常渺小而没有影响力的。他们时常会回避本该属于自己的荣誉和赞扬，而进行自我贬低。

签名时习惯将字体写得让别人无法辨认，根本就不知道那是什么的人，其性格多是比较复杂的，他们或是能够很好地掩饰自己，或是不断地变化，总显得喜怒无常。所以让人抓不到一点头绪，别人也无从下手对其进行了解。他们对罩在自己身上的"神秘面纱"并不讨厌，同时也很喜欢把自己当成一个很另类的人，让他人投来更多关注的目光。

签名的时候习惯画波浪底线的人，多是比较圆滑和世故的，他们深谙在当今这个社会上得以立足的根本是什么，所以在任何时候，他们都能够凭借自己的深思熟虑及多年来总结出的人生经验，使自己处于有利的位置，占据主动而不是陷入被动。

习惯画圆圈式签名的人，性格多是很孤僻的，他们在心理上缺乏安全感。所以会无端地对他人进行怀疑和猜测。他们有较强烈的恐惧感，所以迫切希望自己能够与外界完全隔离开来，这样他们内心才会安静下来。其实他们所有的不安和恐惧全部都是自找的，是对他人缺少必要的信任而造成的。

签名时始终有一条线是贯穿其中的，这样的人有自卑心理，他们常常否定自身存在的价值，极度不自信，总认为自己一无是处。他们的生活就是在这样不断的自我责问中过来的。

习惯于签名之后画个句号或是破折号的人，他们为人处世大多是相当小心谨慎的。而事情失去控制的时候，大多都能想出相对比较好的办法进行解决。这一类型的人比较多疑，并常会因此而带来苦恼和困扰。他们做事多遵循一定的模式。他们会经常寻找他人对自己不利的证据，一旦找到，彼此的关系也就宣告结束了。

在签名时习惯省略某一笔画的人，性格大多是豪爽而又大气的。他们不会太在意一些细节上的问题，凡事不会太较真，只要在大体上说得过去就可以了，有时候马马虎虎，得过且过。他们很健忘，因此常会把一些很重要的事情耽误了。

签名的字和学生时代的字迹一样，缺乏明确的形式和流畅感，大小排列不整齐。这样的人虽然在外表上看起来显得相当成熟，但他们本质上还是不成熟的。他们常常会有一些听起来很幼稚、根本不切合实际的想法，他们自己却感觉不到这一点。

图案式的签名看起来显得非常高雅而有节奏感。事实上，这一类型的人也和他们的签名一样，是有一定品位的，他们多有很高的学识和很好的修养，为人处世也极有礼貌。他们沉着稳重，充满自信，而且意志力坚强，在绝大多数时候，一旦打算要做某件事情，就会像他们的签名一样一气呵成，而不会中途放弃。他们很有自己独特的观点和见解，并且会坚持自己的想法，不轻易向谁妥协。他们还有很好的想象力和创造力，常会有一些出人意料的成就。

通过签名大体能看出一个人的习惯与性格，也能看出其为人处世的基本态度。透过签名的习惯，你会发现，原来签名里藏着那么多的奥妙。

开车的习惯有秘密

一个人控制汽车的习惯和控制自己的习惯有许多相似之处。如果把车子视为一个人肢体的延伸，那么开车的方式就是肢体语言的机械化身。一个人在方向盘上的举动，反映出他待人处事的心情与态度。

拒绝开车的人其自主意识很淡薄，依赖性比较强，缺乏足够的安全感，时常会陷入一种孤独、无助的境况里。他们多有较强的自卑感，时常进行自我否定，习惯被人领导，而不是领导他人。他们缺乏积极的冒险精神，乐于跟在他人后边做事，这样可以逃避许多责任，出了差错，自己也不会有太大的损失。他们很在乎别人对自己的评价，这几乎可以控制着他们的一举一动、一言一行。

习惯按规定速度开车的人，车对他们而言只是一种代步工具，他们开车的目的并不是寻找某种刺激，所以他们能够心态平和地以正常的速度开车。这一类型的人思想比较传统和保守，他们在为人处世中大多采取中庸的态度，即使有很大的胜算，也不会冒险。他们遵纪守法，从来不做出格的事。他们为人诚实可信，不马马虎虎，所以会与他人建立良好的人际关系。

习惯驾车速度比规定速度低很多的人，他们最突出的一个性格特征就是胆小怕事，对于这一点，他们自己也感到很苦恼，而亲戚朋友对此也极度失望。在通常情况下，这一类型的人的嫉妒心也是很强的，他们嫉妒或是嫉恨那些超越了自己的人。他们想奋起直追，可又常常跨越不出自我的樊篱。同时，他们对自己缺乏足够的自信，总是觉得什么都把握不住。他们在渴望的同时又在极力避免任何东西放在自己的手里，一旦有某些东西，诸如权力和金钱等掌握在自己手里，他们就会将其威力减弱到最低程度。

喜欢超速行驶的人，自主意识比较强，他们讨厌任何人为自己立下一定的规矩，并且也反对有人这样做，如果有人强行要做的话，他们可能就会采取相当极端甚至是非常危险的方式进行阻止，以维护自己。他们对生活的态度是积极、乐观和向上的。他们对名利看得相当淡泊，只是随心所欲，自己活得快乐就好。从某种程度来说，他们对金钱和权势是憎恶的。

由他人驾车、自己习惯于坐在后座上的人，一般来讲，他们的取胜欲望是相当强烈的，从来不愿意自己输给他人。他人的成就对于他们来说是一种威胁，他们害怕自己失败，所以会严格要求自己成功。正是在这种激励之下，他们才会不断地前进。他们的自信心很强，而且有良好的自我感觉，并不断地寻找机会以证明自己的重要性。他们希望他人对自己有强烈的依赖性，希望他人凡事都来征求一下自己的意见。

遇到红灯或是堵车等情况，习惯大声地按喇叭的人，大多是外向型的，脾气暴躁、易怒。在现实生活中遇到不如意的事情时，他们经常会尖叫、大喊、发脾气。他们随机应变的能力并不是很强，尤其是在挫折和困难面前，往往不知所措。他们自信心不强，周围人对他们而言常常是巨大的威胁。他们很少有心平气和的时候，总是显得焦虑和不安，而这种情绪的产生可能并没有什么确切的原因或是理由。他们做事效率低，自身的能力也不突出，看不到他们有什么样的成就，却总是显得匆匆忙忙的。

开车的时候习惯不换挡的人，他们多不希望自己的一切都被他人安排得井井有条，他们更热衷于独自去探索一条完全属于自己的道路，哪怕在这条路上到处都坎坷不平，他们也毫不在乎。他们不会轻易地向别人请教，而是喜欢凭自己的感觉做事，却习惯给别人一些指教。他们具有一定的责任心，任何一件事情都能够尽职尽责去完成。

习惯只要绿灯一亮就抢先往前冲的人头脑多比较灵活，反应比较敏捷，随机应变的能力强。他们习惯于凡事都抢先一步行动，这从某种程度上讲为他们的成功创造了许多的机会。他们对成功的渴望往往比其他人更强烈一些，他们有较强的竞争意识，生活态度也比较积极，但由于经验不足，也会时常跌倒。

等到绿灯亮了以后，最后一个发动车子的人，在他们的性格中冷静、沉稳的成分居多。他们在为人处世等方面比较小心和谨慎，总是要等到具有一定的把握以后才会行动。他们追求的最终目的是安全、有保障，给自己带来的损失越小越好。他们为了保护自己，很懂得收敛，从来不会表现得锋芒毕露，这样可以避免被人拒绝或是被人伤害。

笑声异彩纷呈

在日常生活中，笑是我们每个人都有的表情。笑的习惯却千差万别。

比如，捧腹大笑的多是心胸开阔的人，当别人取得成就以后，他们有的可能只是真心的祝愿，而很少产生嫉妒的心理。在别人犯了错以后，他们也会给予最大限度的宽容和谅解。他们有幽默感，总是能够让周围人感受到他们所带来的快乐，同时他们还极富有爱心和同情心，在自己能力许可范围内，会对他人给予适当的帮助。他们不势利眼、嫌贫爱富、欺软怕硬，比较正直。

习惯悄悄微笑的人，除性格比较内向、害羞以外。还有一种性格特征就是他们的心思非常缜密，而且头脑异常冷静，在什么时候都能让自己跳出所在的圈子，作为一个局外人来冷眼观察事情的发生、进展情况，这样可以更有利于自己作出各种决定。他们很善于隐藏自己，不会轻易将内心真实的想法透露给别人。

平时看起来沉默少语，而且显得有些木讷，笑起来却一发而不可收，或者经常放声狂笑，直到连站都站不稳了，这样的人是最适合做朋友的。他们虽然在与陌生人的交往中显得不够热情和亲切，甚至有些让人难以接近，但一旦与人真正交往，他们通常都是十分看重友情的，并且在一定的时候，能够为朋友做出很大牺牲。

笑的幅度非常大，以至全身都在打晃，这样的人性格多是很直率和真诚的。和他们做朋友也是不错的选择，因为当朋友有了缺点和错误以后，他们往往能够直言不讳地指出来，不会为了不得罪人而视而不见。他们不吝啬，在自己能力许可范围内对他人的需求总是会给予帮助。基于这些，在自己遇到困难的时候，也会得到来自他人的关心和帮助。他们会使大家喜欢自己，能够营造出良好的社会人际关系。

习惯小心翼翼地偷笑的人，他们大多是内向型的人，性格中传统、保守的成分占了很多。与此同时，他们在为人处世时又会显得有些腼腆。但是他们对朋友的要求往往很高，如果达不到要求，常常会影响到自己的心情，不过他们和朋友是可以患难与共的。

看到别人笑自己就会随之笑起来，这样的人多是乐观而又开朗的，情绪化比较严重，而且富有一定的同情心。他们对生活的态度是很积极的。

笑的时候习惯用双手遮住嘴巴，表明这是一个相当害羞的人，他们的性格大多比较内向，而且很温柔。但他们一般不会轻易向他人吐露自己内心的真实想法，包括亲朋好友。

开怀大笑，笑声非常爽朗的人，多是坦率、真诚而又热情的。他们是行动派，一件事情他如果决定要做，马上就会付诸行动，非常果断和迅速，不会拖泥带水。这一类型的人，虽然表面上看起来很坚强，他们的内心在一定程度上却是极其脆弱的。

笑起来断断续续，笑声让人听起来很不舒服的人，其性情大多是比较冷淡和漠然的。他们比较现实和实际，轻易不会付出什么。他们的观察力在很多时候是相当敏锐的，能观察到他人心里在想些什么，然后投其所好，见机行事。

笑声尖锐刺耳的人，多具有一定的冒险精神，且精力比较充沛。他们的感情比较细腻丰富，生活态度积极乐观，为人比较忠诚和可靠。

习惯微笑，但并不发出声音，多是内向而且敏感的人。他们的性情比较低沉和抑郁，情绪化比较严重，而且极易受他人的感染。他们有浪漫主义的倾向，并且会一直寻找一切可以制造浪漫的机会，为此可能会做出一定的牺牲。他们的性情比较温柔、亲切，能够给人一种很舒服的感觉，所以与之相处起来会比较容易。

笑起来声音柔和而又平淡，这样的人性格比较沉着和隐重，在大是大非面前多能够保持头脑的清醒和冷静。他们明事理，凡事能够多站在他人的立场上为他人考虑，善于化解矛盾和纠纷。

笑起来发出声音的人，多能够严格要求自己。他们的想象力比较丰富，创造性也很强，常常会有一些惊人的举动。而且他们有幽默感，这是聪明和智慧的一种自然流露。

笑的习惯虽然有好有坏，却不是一时半刻形成的。要想改变不好的笑的习惯，非长期努力、增强修养不可。

脸上的表情，天上的云彩

我们在与他人打交道的时候，时常会被一时的花言巧语所迷惑，却不曾注意观察说话对象的面部表情和眼神，殊不知这样是多么危险。一开始就认为这个人好或坏，可是随着时间的推移，才发现自己被假象所蒙蔽。所以，学习微表情的知识有利于我们的人际交往，获悉对方的情绪。这与农民靠看云彩的变化来推断天气的阴晴是同样的道理。

俗话说，眼睛是心灵的窗户。一个人的心理活动，往往会在他的目光里有所体现。人的目光其实可以传递很多的内容：好感、喜欢、兴奋、好奇、冷淡、厌恶等，你注意看对方的眼睛，就可以判断出对方对你的态度，进一步判断出你在他面前是否具有魅力。

希腊神话里有这样一则故事，说是若被怪物三姐妹中的美杜莎看上一眼，立刻就会变成石头。说白了，这是将眼睛的威力神化了。人深层心理中的欲望和感情，首先反映在视线上，视线的移动、方向、集中程度等都体现不同时期的心理状态，观察视线的变化，有助于人与人之间的交流。打个比方说，爬上窗台，就不难看清屋里的情形；读懂人的眼色，便可知晓人们的内心状况。

一个人是否喜欢另一个人，总会从他的言谈中表现出来。如果对方与你交谈时显出极大的热情，常常说一些真心夸奖你的话，并愿意向你讲出他的真心话，那就说明你对他很有吸引力。

丈夫小 A 和妻子小 B 刚结婚时，感情很好，常常形影不离。可是，随着生活的日渐平淡，彼此都熟悉了婚后的生活，再也没什么新鲜感了，就开始为柴米油盐酱醋茶等琐事而吵架了。

起初小 A 和小 B 一有不满，就互相争吵，各不相让，但是在争吵过后，两人坚持不了几个小时又和好了。随着吵架次数的增加，这好像成了家常便饭，于是小 A 和小 B 谁也不愿再理睬对方，他们经历了一个结婚以来最冷漠的阶段。

可这也不是办法，小 A 和小 B 还要面对家人和朋友，为了不让别人看出来，他们逐渐过渡到有别人在场的时候，彼此显得关系还不错、很恩爱，而一旦他们独处时，家里则静悄悄的，互不打扰。但随着彼此间的不调和发展到极端时，不快乐的表情反而逐渐消失，他们的脸上反而呈现出一种微笑，态度上也显得很亲切。

人类的心理活动非常微妙，但这种微妙常会从表情里流露出来。倘若遇到高兴的事情，脸颊的肌肉会松弛，一旦遇到悲哀的状况，也自然会泪流满面。不过，也有些人不愿意将这些内心活动让别人看出来，如果单从表面上看，就会让人在判断上失误。

比如，在一次洽谈会上，对方笑嘻嘻的，完全是一副满意的表情，使人很安心地觉得交涉成功了。"我明白了，你说得很有道理，这次我一定考虑考虑。"可最后却以失败告终。

由此看来，我们不能只简单地从表情上判断对方的真实情感。在以表情揣摩对方心理时要注意以下情形。

1.生活中，我们有时会看到有些人不管别人说了什么，做了什么，他都会面无表情。其实，没表情不等于没感情，越是没有表情的时候，感情可能越冲动。例如，有些职员不满主管的言行，只是敢怒不敢言，只好故意装出一副无表情的样子，显得毫不在乎。而事实上他内心的不满很强烈，这时如果你仔细观察他的面孔，就会发现他的脸色不对劲。碰到这种人，不要直接指责他，或者当场让他难堪。最好这样说："如果你有什么不满，不妨说出来听听！"这样可以安抚下属正在竭力压抑着的情绪。

但是这种时候也不宜说话过多，避免正面交锋，而应该另择时间，开诚布公地与下属交换意见，这样就可以圆满解决与下属的这种低潮关系，领导的好形象自然而然地就树立起来了。

2.愤怒、悲哀或憎恨至极点时也会微笑。这种情况与发自内心的微笑不同，通常人们说的脸上在笑、心里在哭正是这种类型。纵然满怀敌意，表面上却要装出谈笑风生、落落大方的样子。

人们之所以要这样做，是觉得如果将自己内心的真实欲望或想法毫无保留地表现出来，无异于违反职场规则，甚至会导致众叛亲离的后果，或者成为大众指责的罪首，受到社会的非议。为了避免发生这些情况，不得已而为之。

由此可见，微表情常会产生误差。满天乌云不见得就会下雨，笑着的人未必就是高兴。很多时候，人们把苦水往肚子里咽着，脸上却是一副甜甜的样子；反之，脸沉下来时，说不定心里还在笑呢。因此，我们要善于结合实际情况，把握周围人的真实心理，从而作出正确的判断。

面部是人心的表征

行为心理学中最基本的是看脸形，"相随心改"和"相由心生"这两个成语已点出一个人的面貌与他的心念有着一定的联系，心如何相也如何。因此脸形很能反映人的内心，研究面部有助于了解和判断一个人的品行和特长。

面部是人心的表征，大家都能体会，一个读书人和一个运动员的脸形、体形、手形等都有所不同，前者看起来斯文，后者看起来粗犷。所以脸形特征是能看出来一个人的个性与心性的。因此，一位未学过行为心理学的人，也可以根据他人的脸形特征来粗略看出对方的个性。

1.三角形脸。

三角形脸的特征是额头发达宽阔，下巴尖削瘦弱。此种脸形的人通常身材都较瘦削、修长，体力较差，属智慧型，头脑好，气质好。

若由神经系统分类，额头发达是因脑的前叶发达，属于感觉神经系统发达之人。其神经分布于皮质，集中于颜面上部，就是额部，因此额头高广。

此种脸形的人可把未来目标置于运用智力的工作上，比较具有艺术气息，适合动脑的职业，如学者、作家、艺术家、教师等，不适合做耗费体力的工作。

三角形脸最忌讳的搭配，就是面部到处都尖小，特别是下颏尖薄，尖嘴猴腮。如此搭配无疑很不受看。

2.方形脸。

方形脸的特征是方头、方额、方下巴，给人一种四角扩张的感觉。方形脸的人，体力脑力都不错，因此不管是读书或运动，只要肯努力，就能发挥实力，有好的表现。

若由神经系统分类，因其脑之颅叶之上部较发达，可归类为运动神经发达之人。其神经分布于肌肉，集中于颜面之中部，因此脸形方长，骨肉发达。

此种脸形的人好胜心强，喜欢挑战性的工作，军人、运动员大都有此种脸形，缺点是性格顽固及性情急躁。

3.圆形脸。

圆形脸的特征常给人丰满圆润的感觉，具活力。

若由神经系统分类，因其脑髓后颅叶、小脑之下部较发达，归类为交感神经系统发达之人。其神经分布于血管，集中于颜面之下部，因此下巴呈丰满形。

此种脸形的人性格磊落大方，且心地温厚，讨人喜欢，人缘佳。做事可以毫不迟疑地去进行，而且付诸行动便大都能成功。不过欠缺严谨处理事务的能力，所以需要一位取长补短的朋友。又不喜与人争执，是相当敬业乐群的人，适合服务大众的工作。

酒后现原形

喝酒不是啥好事，特别是没有节制、一喝就多的人。但是在家里、在工作之余，小酌一杯，也是雅兴。

俗话说："酒后吐真言。"其实，每个人喝了或多或少的酒之后的表现都是不同的，个中真意也不尽相同。为什么酒有这么大的"魔力"呢？酒，具有使大脑皮层麻痹，从而失去理性的作用。因此，人们心里哀伤，或有要忘却的事情，希望能暂时摆脱理性的控制时，就会借助酒的力量来消除烦恼，超脱自己，所谓"借酒消愁"嘛。相反，当人们异常兴奋时，也会想要挣脱理性的约束，尽情地享受欢乐，从而也喝起酒来。

当然，人的感情与酒之间的关系，并非如此简单的几句话就能概括。有人说酒能令人发狂，有人说它是有魔法的，但不管怎么说，酒的确可以使平时因道德制约或社会约束压抑下的欲望或感情活跃起来。酒后吐真言，这是大家公认的事实，所以，注意一个人喝酒后的动态，往往可以看出这个人平时没有表露的深层心理。

有些发酒疯的人，完全不顾场合，随意乱来，不论碰到谁，都会摆出一副"斗鸡"的架势，但当他酒醒以后，就会像换了一个人一样，非常温顺。其中有些人对酒醉后的所作所为忘得一干二净；也有些人有所记忆，但已恢复的理性使得他对当时的作为感到后悔，也就会装作完全没有留下记忆。这种人多半在平日非常服从上司或长辈的命令，工作也是一板一眼的，但也正因如此，压抑于内心的不满比一般人更为强烈。

有的人稍醉之后便会大肆炫耀自己，这种人可谓是以自我为中心，骨子里有强烈的自我显示欲，一旦喝了酒，理性束缚稍稍松弛，真正的面目就暴露出来了。不论谈什么话题，他都会找出与自己的联系，有时他还会夸耀地谈及自己的母校、父母、兄弟姐妹、妻子、孩子等。总之，都是在为自己做宣传，除了希望别人肯定自己以外，有时还可能在自豪的表面下，潜藏着某种不满。

还有一种人，喝酒时不论别人喝多快，他总要抢先把酒喝完，表现出一副神气十足的姿态。这种人多半外向，也是一种神经质性格者。他喝得比旁人快，是要争取早些醉，急于让自己的神经麻痹，松弛一下过分紧张的情绪，或是要出人意料地显示豪放，掩饰自己的胆小。有个小公司的经理，平时是个对任何事都谨小慎微的人，对员工的小错误也非常敏感、计较，可是喝酒的时候，却是不折不扣的一次干杯型，干净利落，常令人刮目相看——原来他竟有如此海量。

相反，有的人喝酒总是很慢，这种人多半内向，经常和这种人喝酒，你就会发现，他们喝的都是"牢骚酒"，言语之中常常隐有难言的苦涩。

还有一种人喝酒从不会醉，其中除了拥有强健体质的一类人外，剩下的往往就是刻意控制酒量不让自己多喝的类型。这种人当中，有些是担心喝多了影响健康，就尽量少喝；而有些人是不愿在他人面前展现醉后的丑态，更不愿意把藏在心里的秘密泄露出来。后一种人自我防卫性很强，即使在喝酒以外的场合，除非彼此非常相知，否则会保留一些不允许他人踏入的领域。换句话说，这种人与朋友大都是泛泛之交。

第八章

真朋友用心处，假朋友不宜近

如果你想成为一个真正的聪明人，那么你就要有能力洞察别人对你是否付出真正感情。要记住，这个世界并不是总充满着温馨怡人的亲情和友情，还有少许时间和场合里充斥着虚伪和欺骗。真诚可贵，但也不要将自己的底细轻易地向人兜售出去，那样会被居心不良的人当作击败你的利器。

交朋友要辨真伪

"交朋友"三个字说来容易，真正交起朋友来，却又有着许多玄妙之处，猜不透、弄不明便很容易吃亏上当。

如果你想要获得真心朋友，那你要先考验他，不要过快地把你的信任给予他！因为，某些人平时是朋友，但遇到困难的时候就靠不住了；某些人是酒肉朋友，但发生不幸时就找不到他了；在你幸运时他同你一致，在你遭遇不幸时他就与你分离了。

有两个人十分要好，彼此不分你我。一日，他们走进了沙漠，干渴威胁着他们的生命。上帝为了考验他俩的友谊，就对他们说：前面的树上有两个苹果，一大一小，吃了大的就能平安地走出沙漠。

两人听了，都让对方吃那个大的，坚持自己吃小的。争执到最后，谁也没说服谁，两人都在极度的劳累中迷迷糊糊睡着了。不知过了多长时间，其中一个突然醒来，却发现他的朋友早向前走了。于是他急忙走到那棵树下，摘下苹果一看，苹果很小。他顿时感到朋友欺骗了他，便怀着悲愤与失望的心情向前走去。

突然，他发现朋友在前面昏倒了，便毫不犹豫地跑了过去，小心地将朋友轻轻抱起。这时他惊异地发现：朋友手中紧紧地攥着一个苹果，而那个苹果比他手中的小了许多。

他们都经受住了上帝的考验。

不要轻易地去怀疑自己真正的朋友。各种猜测和疑虑都会使朋友间的裂痕增大。应该相信，一些误解都会随着时间的推移而真相大白。

人要学会付出。付出真诚的心和爱，才会使你的生活变得更有意义。在这个"拥挤不堪"的世界里，能够多付出一点爱和宽容的人，总能找到一片广阔的天地。

西班牙思想家格拉西安有一句富于哲理的话：把一匙酒倒进一桶污水里，得到的是一桶污水；把一匙污水倒进一桶酒里，得到的还是一桶污水。

在生活中，人不能没有朋友，也离不开朋友，而结交那些对你有害无益的朋友，就如同一匙污水倒进了酒桶里，甚至会对你的人生产生莫大的负面影响。

有些人缺乏和比自己优秀的人交友的信心，总怕被人家瞧不起，或者被人家说攀高枝，从而失去了获得激励、学习、奋斗的动力的机会。很显然，能与那些豁达乐观、富于进取、品德端正的人交往，本身就是你人生的财富。

如果择友不慎，其消极的思想、低下的品格、恶劣的行为，都会使你生存的环境恶化起来。如果随波逐流，后果将是十分可怕的。

假如，你已交上了坏朋友，应该采取敬而远之的态度。因为，只要装梨的篮子里有一只烂梨，满篮子的梨都会逐渐腐烂掉。

当然，我们的朋友中也不应包括那些虚伪的、貌合神离的人。所以，辨真伪是择友要义。

值得信赖的朋友是人生的一笔财富

一位忠实的朋友就像一顶牢固的帐篷。谁找到了这样的一顶帐篷，谁就找到了一笔财富。

一位忠实的朋友是无价之宝，没有东西可以与他的价值相匹配。

如果没有友情，生活就不会有悦耳的和音。在没有友谊和仁爱的人群中生活，那种苦闷正犹如一句古代拉丁谚语所说："一座城市如同一片旷野。"

当你因遭遇挫折而感到愤懑抑郁的时候，向知心挚友的一席倾诉可以使你的情绪得到疏导，否则这种抑郁会使人致病。除了一个知心挚友以外，没有任何一种药物可以治疗心病。只有面对好朋友，你才可以尽情倾诉自己的忧愁与欢乐、恐惧与希望、猜疑与烦恼。总之，那沉重地压在你心头的一切，都通过朋友的肩头被分担了。

友谊的奇特之处在于：如果你把快乐告诉一个朋友，你将得到两份快乐；而如果你把忧愁向一个朋友倾吐，你将被分掉一半忧愁。友谊对于人生，就像炼金术士所要寻找的那种"点金石"，既能使黄金加倍，又能使黑铁化金。

朋友关系有如下两种类型。

其中一种是，你是一个乞求者，需要从别人那里得到什么东西来帮助你解除寂寞，而对方也是一个乞求者，他也希望从你这边寻求同样的东西，很自然地，两个人无法互相帮助对方。

不久你们将会意识到，你们这种向另外一个脆弱的人乞求帮助的行为扩大了你们的需要，你们没有任何东西可以相互给予。因此每个人都感到挫败和愤怒，每一个人都觉得受骗了，事实上，并没有人在欺骗谁。

另外一种朋友关系，具有完全不同的品质。它不是来自需要，而是你想要与别人分享。它不是合约，不是婚姻，只是因为你太充裕了，所以你想要给予，所以不管是谁在你身边，你都将它给予出去。给予是令人愉悦的一件事。

真正的友谊，很少被本能的欲望与利害的权衡所驱使，因为它是心与心亲密地接触相撞而产生的、语言所不能表达的强烈的共鸣，它是一种摒弃了其他任何目的纯信赖的感情。朋友当然有许多种，亲密的程度也各不相同，但是，我所讲的是真正的朋友，是能够互相理解、互相信赖的朋友。假如我们能遇到真正的知己，即使只有一两个，那也将是人生巨大的财富，是生活给予我们的不朽的力量与最大的欢乐。

真正的朋友，在许多情况下，是年轻时候结交的朋友，成年以后，心心相印的朋友就不太容易寻找到了。人们生活中需要获得能够给予安慰与鼓励的知音，需要获得不会随时间推移而变迁的美好纯洁的友情，这往往会在青年时代实现。因为在青年时代，人们能够真诚、坦率地面对人生，也能够客观、平和地正视自己，在大多数情况下，心与心可以融合。换句话讲，在青年时代，用斤斤计较的、功利的心理与人交际的人比成年后要少得多。

在友谊中，相互信赖的人，就可以在对方身上发现自己所没有的长处，从而得到激励与鞭策；同时，将自己的信赖寄予朋友，这也胜过任何鼓励与安慰。这样，当生活中旁人对你产生误解时，你知道你的朋友能够理解你，那么，还有什么比友谊更加值得珍惜的呢？

警惕近墨者黑

有许多人喜欢邀请一大帮朋友在一起喝酒、聊天、闲逛，这确实是人生的一大乐事。然而你的这堆朋友中，有几个是所谓的"良师益友"，有几个是"真心英雄"，有几个是"红粉知己"，有几个是"酒肉朋友"，有几个是"虎狼朋友"，有几个是"稀泥抹光墙"的朋友，有几个是"酒逢知己千杯少"的朋友……

之所以要把朋友分门别类，是因为中国有句古训——近朱者赤，近墨者黑。一个人即使再有定力，处在污浊的环境中，也会受到影响。

在现实生活中，由于生存竞争之需要，使人与人之间的关系变得复杂起来，切记下述之人在交往中要小心谨慎。

1.好赌者。

如果你的朋友中有一位生性好赌的，那你就有可能被他拉上赌桌，染上赌瘾，成为一个为人所厌恶的赌徒。

千百年来，赌博害得多少人家破人亡、家道败落。人一旦嗜赌成性，从此便会走火入魔，入赌博泥潭而不能自拔。

西安市某机电公司的总经理周长清在澳门小赌一把之后，为了翻本，从此染上赌瘾，一发而不可收，最终挪用公款，将国家的四千多万元输了，本人也被刑警从厄瓜多尔抓回，绳之以法。

赌场无输赢，如同一个无底洞，纵然你万贯家产，也难以填平；赌场又像一个大坟墓，最终会把你活活埋葬在里边。

有人或许抱着玩一玩的态度，或许抱着侥幸的心理，但你应该清楚"玩物丧志""世上无侥幸之事"这类道理，别跟这种人接近。

2.瘾君子。

如果你的周围有一个瘾君子，需谨防被他拉下水、染上毒瘾，成为吸毒者。

毒品对中国人的毒害深重：中国人"东亚病夫"的屈辱跟毒品有很大的关系。可很多人并不引以为戒。

人一旦染上毒瘾，就像患上了绝症，多么刚强的人都会被这白色的粉面击倒、击垮。毒品就像一条"美女蛇"，让你神魂颠倒之际却在蚕食着你的肉体和灵魂，让你人不像人、鬼不像鬼。

别觉得这个东西很好玩，而和你的朋友在一块儿试着吸，这种玩玩儿的心理让多少有为青年步入歧途，倾家荡产，走上犯罪的道路！

3.好色者。

如果你的朋友是一位色鬼，整天向你大谈其风流韵事，你千万要注意：赶快远离这个人！

色字头上高悬一把刀，古今多少英雄好汉毁在上面而不能自拔，兵法中就有所谓"美人计"，看来它确实能让人堕落、臣服！

如果你染上色瘾，就会从此陷入旋涡，不再追求上进；同时，行为不检点的结果是你随时会染上疾病，这可是一件痛苦的事情。

4.混子。

混子包括闲人、混混、流氓、地痞、无赖、小偷甚至黑社会分子。你如果跟他们在一起泡着，说不定哪天警察就会找上门来。

这类人不务正业、东游西逛、打家劫舍、无恶不作，你要是混迹于其中，可以说你的人生如同进入了一个地洞：地洞越来越窄、越来越暗，前方肯定是死路一条！

我们如何防止"近墨者黑"？

1.最关键的即提高你的判断力、识别力。

取经的唐僧和猪八戒，就常常被那些幻化为人形的妖精抓进白骨洞之类的地方，所幸还有一个孙悟空，火眼金睛，任何妖魔鬼怪都逃不过他的眼睛！

每个人都应练就孙悟空一般的火眼金睛，这就是判断力的问题，这需要丰富的社会知识、社会经验。这种判断力虽不是一时半刻就能提高的，但只要不断在实践中摸索，再加上前人的经验，你的判断力自然就会提高。

判断力很强的人，就像一架精密的监控器，会仔细筛选各色人等，从中找出那些上进、正直的人做朋友。

2.最简单的办法即和那些大家认为比较公正的人交往。

社会中总是有一些大家公认的好人，和这些有知识、有道德的人交往，他们就是你的良师益友。

3.辨认不清时最好先停住脚步。

当你还对一个人把握不住，看不清他的本质时，最好别贸然深交，否则会受骗上当，后悔也来不及了。

4.留意那些在你生活优裕时频繁接近你的人。

这种人往往都是一些趋炎附势之徒，也许他们并不坏，如果你突然陷入困顿，这些人便会作鸟兽散，还有可能对你"墙倒众人推"。所以中国古人总结经验说："患难见真情！"

信赖是友谊的基础

人与人的交往，如果相互间没有尊敬与信赖就不能持久。所以，要了解别人对自己的信赖程度。如果对方不能信任自己，再怎么用心与之交往也是徒劳。

讲义气的人是指那些特别容易相信别人的人。他们一旦相信了对方，就无论如何也不会改变彼此的观点。即使有第三者在中间挑拨，他们还是坚信对方绝不会做出有负道义的事。

随着社会环境的变迁，现代人已经越来越不容易彼此信任。只要有流言传入耳中，立刻就怀恨在心，这正是不信任别人的最好证明。此外，交朋友也有普通朋友和知己的分别，只要略有交情或认识都可称之为朋友；但真正彼此了解、信任的才是知己。

最能看出对方是不是信任自己的方法，就是对方会不会与你商量一些私人的问题，例如金钱往来、工作上的困扰及感情上的问题。

拿做媒人一事打个比方：无论是为了子女还是为了本人，对方之所以来拜托你当媒人，无非是因为信得过你，认为你的人品好、眼力高、口才佳，能达到说媒的目的。如果有人前来拜托你前往说媒，那就表示你是个形象良好而且值得信赖的人。可千万不要以为只有那些三姑六婆式的"长舌妇"才有资格为人说媒。光是会喋喋不休地说话，一点也没有说服力，这种人成事不足，败事有余，不会有人请这样的人为自己做媒。

除了有良好的地位、职业及人品等条件之外，还要有灵敏的反应才能得到别人的信任。尤其是为人说媒的时候，对于双方的家世背景、性格、职业等全部都能了解，并善加运用，这样才能够成功地说服双方。

平时就养成说话中肯、实在的习惯，树立热心帮助朋友的形象，一旦朋友有需要，自然会找你帮忙。

勿做"傻天鹅"

不管你是哪一种人，总会面对一些同事或同行的咄咄逼人，无论我们怎样忍让、怎样闪避，都无济于事，有时甚至走投无路，你每时每刻都承受着来自"明暗有别"者的威胁。下面这则寓言故事也许能带给我们一些启示。

夕阳西下，夜幕降临，一群天鹅成双成对地偎依在沙滩的草丛里，美美地睡觉。哨兵天鹅忠实地站在岗哨位置上，一有异常情况便发出警报。如有鹰类进攻，他们便群起反抗，张开翅膀扑打，并用坚硬的喙去反击。

一只对天鹅群进攻多次失败的狐狸，总结了经验。它趁着夜色，悄悄地向沉睡的天鹅群摸去。草发出了轻微的沙沙声，天鹅哨兵仍然发现了异常，立即发出警报，一声长鸣，群鹅立即惊醒，互相呼唤，做好准备。然而，狐狸就地扑倒，一动不动，连大气也不出。天鹅群以为没有敌人，虚惊一场，便又各自睡觉去了。

狐狸明白了，它可以用这种办法疲劳和麻痹天鹅。于是，它用自己的尾巴摇了摇，又把草打响了，天鹅哨兵又发出警报，天鹅群再次从沉睡中惊醒。狐狸还是一动不动，天鹅群又认为是虚惊一场，对天鹅哨兵的警报逐渐不以为然。第三次，当狐狸再次拨动草响时，尽管天鹅哨兵仍然发出了警报，天鹅们却懒洋洋地不当一回事了。天鹅对警报失去了信任，如此多次，当狐狸轻轻走向熟睡的天鹅时，它走路的响声引起哨兵发出警报，但熟睡的天鹅已经完全不理睬这警报了。于是狐狸迅速一口咬住一只半醒半睡的天鹅，那只天鹅疼得怪叫起来，群鹅这才发现敌情是真的，惊慌逃去，留下了这只同伴给狐狸做了美餐。

以上事例虽然是动物之间的博弈，可它对我们做人也有一定借鉴意义。你可以学着比过去多一些警惕，提防那些制造假相的"狐狸"。

绝大多数"明暗有别"者都是隐性的，都是你很难觉察到的，而且多数来自你的同事。虽然许多同事对你的态度很友好，有说有笑，你甚至把他们当作了自己最亲近的人，把自己的所有情况，包括欢乐和悲伤、喜好和憎恶，都毫无保留地告诉了他们。但是，这些人往往并不会对你抱以真心，反而在透彻明晰地了解你、洞悉你的弱点后，把它作为打垮你的利器，从而把他们潜在的威胁清除掉，这才是他们真正的目的。所有的一切都是一个圈套，直到你被他们打得落花流水，地位全无，一直沉浸在畅想之中的你才会如梦初醒。

商场上、职场上在暗地里互相拆台使绊的现象屡见不鲜。如果你想成为一个真正的聪明人，那么你就要有能力洞察别人是不是对你明里赔笑，暗里动刀。要记住，这个世界并不是总充满着温馨怡人的亲情和友情，还有许多时间和场合里充斥着虚伪和欺骗。不要将自己的底细轻易地向人兜售出去，那样会被居心不良的人当成击败你的利器。

围绕在你周围的人有很多，都表现得对你非常友善，肝胆相照，并且信誓旦旦地要和你一起合作，共同创造一片新天地。面对这种情况，你也许会无从判断，无法确定哪一个是真的，哪一个是假的。如果你真正地观察体会，真假还是很容易鉴别出来的。

1.对方在倾听你的诉说的时候是报以真诚的同情和感慨呢，还是目光闪烁，有时会出现若有所思的样子呢？如果是后者，那么对方很有可能是一个居心叵测的人。当然，这需要你去仔细观察他的言行并注视他的眼睛。

2.仔细地回想一下，当你有意无意地想结束自己倾诉的时候，他是不是很巧妙地利用一些隐蔽性极强的问题重新打开了你的话匣子呢？而且你随后所说的内容又恰恰是容易被别人利用的。

3.如果你偶然得知有人总是在不经意之中向你所亲近的人打探一些关于你的消息，那么你最好疏远他们。

4.有些笑容并不是很自然，而像是从脸皮上硬挤出来的。有时你觉得并没有丝毫可笑的地方，而对方却能够笑起来，这种人要适当保持距离。

这样，了解哪些人将会对你产生不利之后，一方面你可以尽量避开他们，少做正面接触；另一方面你也可以现学现用，以其道治其人，与之周旋，掌握他们的一些情况，而后再设法摆脱他们。

做朋友就要以心相交

考察一个朋友的人品，就要从小处来观察他。是否自私自利？是否心胸宽阔？是否地位高人一等后就骄矜自满、目中无人？是否有足够的学习精神？是否小气、自满、无聊耍赖、不求上进乃至骄奢淫逸？

友谊得用爱心、时间来维持。如果一个人说他不需要别人，那可能意味着他只是懒惰，不能为友谊注入许多时间。有种人常与书本做伴，这说明他们乐于沉浸在孤独之中。有人喜欢独自一人去看电影，心血来潮时独自一人去餐厅用餐，这说明他喜欢独处。跟持有这种生活方式的人交友并不是什么坏事，然而，对于不愿意结交朋友的人来说，你要花大气力去循循善诱。如果你付出很多的努力去博得他们的心，那么他们会十分珍视这份友情。

如果你觉得今天的他不顺眼，只看眼前而不考虑他的潜力，这是你的错。而要了解他的全部，总得根据实际情况来判断才行。

只有深深洞察了你的弱点的人，才可能成为你的忠实朋友。友情的深浅，不仅在于那位朋友对你的才能钦佩到什么程度，更在于他对你的弱点容忍到什么程度。

真正的朋友并不常相厮守，深厚的友情看上去反而十分平淡。即使相隔多年未曾谋面，一朝相会两个人的心灵便立刻对接上。纠缠在你身边并且需要时时呵护的友情，往往十分脆弱。最珍贵的友情总是像北极星那样，恒久而又遥远。

一个个性强硬的人，平时习惯于依靠自己而并不信任他人；在危难时，他宁肯保持自尊，也不愿向旁人呼救；在志得意满时，他那锋利的个性常常伤害距他太近的人……他天性中有一股强烈的排他性，使周围人既被他吸引又被他驱开。他的朋友只能是耸立于天边的另一个强者。他们都不愿意相互走近，只要彼此远远地望一眼，双方就能汲取到对方的力量。

　　朋友越多，你就越忙碌，也就是将自己的生命细细地分割给朋友们分享。而忙碌的结果是朋友越来越多，不愿忙碌的人，连旧日的朋友也会逐渐失散。不愿关爱朋友、为朋友花费心力的人，保持了自身的完整，也同时陷入了无援的孤独。完整本身就意味着孤独。

　　在人的一生中，人人都离不开朋友。俗语云，"朋友多了路好走"，那是功利型的；"天下谁人不识君"，那是幻想型的。做芸芸众生中的普通人，拥有几个真正的朋友，斯世足矣。朋友是严冬之中让你蓦然回首的温暖问候，是远方捎来的"珍重加衣"。

不要被"朋友"拖下水

　　在生活中，特别是在你为成功而奋斗之初，你可能需要四处结交朋友。但是，你要注意，不要结交那些对你有害无益的朋友，以免被拖入他们的浑水之中。

　　我们周围的环境和朋友，对我们的一生有莫大的影响，可以说，交上怎样的朋友，一定程度上决定你会有怎样的命运。

　　一只虱子常年住在富人的床铺上，由于它吸血的动作缓慢轻柔，富人一直没有发现它。一天，跳蚤拜访虱子。虱子对跳蚤的性情、来访目的一概不闻不问，只是一味地表示欢迎。它还主动向跳蚤介绍说："这个富人的血是香甜的，床铺是柔软的，今晚你可以饱餐一顿！"说得跳蚤口水直流，巴不得天快黑下来。

当富人进入梦乡时，早已迫不及待的跳蚤立即跳到富人身上，狠狠地叮了一口。富人从梦中被咬醒，愤怒地令仆人搜查。伶俐的跳蚤跳走了，慢慢腾腾的虱子成了不速之客的"替罪羊"，虱子到死也不知道引起这场灾祸的根源。

在选择朋友时，你要尽量与那些乐观肯定、富于进取心、品格高尚和有才能的人交往，这样才能保证你拥有一个良好的生存环境，获得好的精神食粮及朋友的真诚帮助。这正是孔子所说的"无友不如己者"的意思。

相反，如果你择友不慎，结交了那些思想消极、品格低下、行为恶劣的人，你会陷入恶劣的环境难以自拔，甚至会受到"恶友"的连累，成为无辜受难的"虱子"。

假如我们已不慎交上了坏朋友，应采取敬而远之的态度。

要结交懂得自尊自爱的朋友。因为一个人如果不自尊，便无法尊敬别人。近朱者赤，近墨者黑，假使我们所结交的朋友都是懂得自尊自爱的人，相信大家都会互相尊重的。

与身心健全的人交往，不仅可以使自己得到别人的尊敬，而且也可以促进自己的身心健康发展，提高品德修养。

有自尊心且身心健康的人，通常都有很强的个人主义意识，不喜欢轻易附和别人的意见。他们具有诚实的本性，不仅能忠实于自己，也能忠实于朋友。

而且，他们为了保护自己，常常会表现出很强的自尊心，但这种自尊并不是我们一般所谓的傲慢，而且也丝毫不含一点轻视别人的意味，只是事事喜欢自己做主，不容他人插足而已。并且，这种人是无法忍受他人欺侮的。一旦有人欺侮他，他就会激烈反抗。

另外，他们的心态一直很稳定，能与人愉快相处，以整体的观点来说，这种人是属于和蔼、意志高昂的类型。因此，很容易成功。他们的生活情形如下。

工作很卖力，而且也有经济独立的能力。

过着安定、快乐的家庭生活。

能尽情地享受生活乐趣及休假的闲情。

一般健康状况良好，很少生病。

常受到人们的尊敬及喜爱。

很清楚自己的能力，而且能将自己的感情表达给别人。

能控制自己，因此，对自己的缺点并不十分苛求。

能享受过去及现在的生活，对于未来也充满希望。

有自尊心且身心健康的人不仅能在工作岗位上尽忠职守，而且也能在人生中享受到真正的乐趣。如果我们本身就是一个有自尊心且身心健康的人，就能够很轻易地分辨出别人是否和你具有同样的性格。

不可相交的四种人

有个著名雕刻家说过："雕刻，就是把不需要的部分去掉的一种艺术。"这话说得十分精辟，不只是适用于艺术，也适用于人生。交友也可以这样说，要想知道哪些人可交，关键在于要知道哪些人不可交。换一种说法也可以表述为，交友的艺术就是一种分辨哪些人不可交的艺术。

哪些人不可交呢?

1.太注重个人利益的人。

世界上不可能有完全不为自己打算的人,这是一个人所共知的生活常识。但一个明事理、有道德的人,不可能只想到自己,不顾脸面地为自己谋私利。那些只考虑自己、只想到个人利益的人,最易伤害的不是跟他生疏的人,而是和他比较熟悉、比较亲近的人。因为生疏的人,本来就和他没有交往,他想跟人家计较是没有条件、没有基础的;而熟悉、亲近的人和他们有较多的接触、较多的交往。在接触和交往中,他们为了个人利益,会处心积虑、想方设法占熟人的便宜。为了一点蝇头小利,他们甚至不惜背叛朋友,以满足自己的欲望。这样的人,如果把他当作朋友,你便会吃亏上当,给自己带来麻烦。例如,有人请朋友为自己修房子,本来由于关系比较密切,在开工前没有说工钱的问题。不是主人不想说,而是朋友说他是帮忙,如果把工钱说在前面,就是看不起他。当工程完毕后朋友开的价钱却比公道价钱高出几倍。主人实在不能也不好接受,便说是不是太多了。那个朋友却翻了脸,最后主人不得不吃了这个哑巴亏。像这样的朋友,你敢交吗?

2.鸡蛋里能挑出骨头的人。

有一种人,他们无论和什么人打交道,无论做什么事,都能在鸡蛋里挑出骨头。这种人的特点是看什么都不顺眼,看什么都不如意,看别人不是这里有问题,就是那里有毛病,他们能在最完美的东西中发现不完美,他们能在没有问题的地方找出问题,他们能在让人尊敬的人身上发现不能让他满意的蛛丝马迹。他们表面看来好像和你关系不错,但是只要一转身,马上便会伤害你。例如,有两个老同学,其中一个成绩较突出,为人也很好,在单位有口皆碑,另一个虽然和老同学关系不错，但当别人赞老同学时，他却经常背着老同学说他在上学的时候有什么风流韵事，怎样的被大家瞧不起。虽然大家并不觉得他说的那些问题是什么瑕疵，他却一定说那是"了不起"的大污点。这样能在鸡蛋里挑出骨头的人，最好不要和他交朋友。

3.缺乏社交礼节的人。

人，可以说都是世俗的人，都是平凡的人。生活中不可缺少的客套和礼节，正常的人都知道且能正确运用。但有一些人由于性格的原因，便不会说一些必要的客气话、做得体的事。这种人，无论是有意还是无意，无论是出于个人原因还是性格原因，都不可作为深入相交的对象。如果与之为友，会给自己带来不必要的麻烦，甚至会因为交上了这样的朋友而让别人怀疑你的人格，最起码会给你带来一定的负面影响。例如，有人把朋友甲介绍给朋友乙。朋友甲办了一个艺术学校，朋友乙也是个艺术爱好者，在家里也辅导了几个学生。朋友甲去见朋友乙，是想让乙给自己介绍几个学生。按说无论你愿意不愿意介绍都没关系，但几句客套话还是要说。但朋友乙听了朋友甲的来意后，便神情倨傲地说："我先问你，你办的学校学生有没有出路?现在社会上的骗子多得是，什么裁剪呀、烹调呀，不过都是想弄几个钱而已。"话未说毕，朋友甲脸上就实在挂不住，转身走了。出来后，对介绍来这里的朋友说："你就交这样的朋友，让人感到不像吃五谷长大的。"

虽然朋友甲的话好像也过分了些，但朋友乙的确缺乏起码的生活常识，这样的人不可深交。

4.忘恩负义的人。

点滴之恩，当涌泉相报，这是做人的基本常识。如果与知恩不报、忘恩负义的人为友，就等于自掘坟墓。例如，有人收养了一个孤儿，花了几十年心血，孤儿上了大学，找到了很好的工作。收养者年老重病在身，看病住院耗尽家资，便让自己的孩子到孤儿那里借钱，这个忘恩负义的人知道老人的病无法看好，只给了恩人的孩子50元钱，且对恩人的孩子说："今后不要再来找我！"这样的人，敢和他交往吗？

　　上面所说的四种人不可深交，并没有多少深奥的道理，许多都是老生常谈。但是，人们往往不是因为不知道其中的道理，而是在生活中不能准确地判别。所以说，要知道哪些人不可交，关键在于要在生活中分清一些人的行为，对其行为要有比较理性的判断，才能真正知道哪些人不可交。只要不交不可交之人，你便会交上真正的朋友。

哪些人应少来往

　　断绝与朋友的交往是一件十分痛苦的事情，可是对于某些人来说，藕断丝连必受其害，当断不断必遭其乱。当你通过交往，对这一实际情况有一个清晰的把握之后，就应该收起你的菩萨心肠，长痛不如短痛，在友情的大道上来一个急刹车。心理学家认为，应尽量断绝与下列朋友的往来，珍惜你的时间、精力和金钱，去做你应该做和你想做的更重要的事情。

　　1.靠不住的朋友少来往。

　　交朋友时应两相情愿，不要强求。朋友的类型有多种，但友情是互相的，即你的付出应有相应的回报，朋友之间应互爱互重、互谅互信。

有些朋友在短期内似乎与你关系不错，但时间一长便发现他靠不住，这种情况下应当机立断，与之断交。

2.志不同道不合即分手。

真正的朋友需有共同的理想和抱负，共同的奋斗目标，这是两人结交的基础。如果两人在这方面相差极大，志不同道不合，是很难有共同话题的，人的兴趣也多半不同，这样两人在交往时只能互相容忍，无法互相欣赏，因此很容易闹矛盾。

3.俗友不深交。

朋友之间的谈话多涉及兴趣、爱好、志向及对某一事的看法。如果朋友只跟你谈物质利益、谈钱，则可将之归于"俗友"之列。"俗友"对你虽无大害，但长期交往下去，一则浪费你的时间，二则难免使你变"俗"，因此不宜深交。况且这种"俗友"一般很现实，当你处于危难之时，他不会对你伸出援救之手来支持你、帮助你，对这种朋友，仅做一般应付即可。

4.悖人情者不应交。

亲情、爱情都是人之常情，如果一个人的行为有悖于人之常情，那么这种人往往极端自私，为达目的不择手段，并惯于过河拆桥、落井下石，因此这种人不可交。

5.势利者不屑交。

如果某人是非常势利、见利忘义的那种人，不宜与之交朋友。

例如，有个企业，A当总经理时，一位高层职员经常到A家里坐，对A奉承一番，外带一批上好礼物；而当A下台，B当上总经理时，这位高级职员马上到B家里送礼，并数落A的不是，将B捧为最英明的上司。在这种情况下，B上司听了群众的反映，果断地将这位高级职员冷落在一旁。

势利者的一个通病是：在你得势时，他锦上添花；当你失势时，他落井下石。他不懂得什么是真诚，他只知道什么是权势。因此，不能与这种人交往。

6.酒肉朋友不可交。

当你能给他实惠时，他们看上去与你的感情很好，但当你真正需要他们帮助时，他们则一点表示都没有。

例如，有一位老师同办公室的几位老师非常要好，经常一起喝酒。当他们酒后抱怨学校的不是时，每个人都发了许多牢骚，而后来他们发的牢骚被校长得知，要处分这位老师时，其他几位老师竟没有一个站出来为他说句话，令这位老师十分伤心。

由上面这个例子可以看出，酒肉朋友靠不住。

7.两面三刀者不能交。

有的人惯于表面一套，背后一套，对这样的人应该小心应对，更别说跟他交朋友了。

《红楼梦》里的王熙凤被人称为"明里一盆火，暗里一把刀"，表面上对尤二姐客套亲切，背地里却置之于死地。与这样的人交往时，应多注意他周围的人对他的反映，与这样的人在短期交往中很难发现这种性格特征，但接触时间长了便会清楚明白了。

这种两面派是千万不能结交为朋友的，不然他会令你大吃苦头。

交友要擦亮眼睛

你交朋友是不是有一定的选择性？你是不是认为所有你喜欢的人都能作为你的朋友？你是希望自己的朋友多多益善，还是希望自己的朋友只有那么几个？真情显于患难，知交笃于贫困之中。

比如一个朋友向你借一笔钱应急，你倾囊而出，因为相信友情的真挚，你没有让对方给你打欠条。不久，你因为某种原因，需要一部分资金，因而前去索要对方的欠款，而你也相信对方已经有了偿还能力，但令你气愤和吃惊的是，对方矢口否认曾经借过你的钱，甚至说自己从来就没有借过钱。事实上，对方正是靠你的那笔钱才财大气粗起来，面对这种情况，你还相信友情吗？

或者是这样的一番情景：你和一个朋友跑同一产品的销售业务，不同的是，你为甲厂服务，而你的朋友却为乙厂服务。某一天，你和朋友同时获悉某大企业急需大量你们所推销的这种产品，于是你们同时前往该企业进行洽谈。为了友情，你们相约对方的订货量每人分一半，也好向自己的企业有个交代，反正一半的数量也非常大。通过洽谈，该企业觉得你们所推销的产品都符合要求，而且同意了你们一人分一半订货量的建议，三方协商于某日签订正式供货合同。届时，你如约而至，该企业却说早已与人签订了合同，而供货方正是你的朋友所代表的企业。

我们希望友情能够长久，能够越经患难越显真诚，但是友情还是经常遭到无情的践踏和破坏。是我们的友情不值得珍视吗？不！是实际利益让少部分人丧失了良知！社会中的人越来越复杂，而我们也要努力使自己能够适应这种复杂。我们会无比怀念困厄之中朋友伸过来的坚实的手臂，也同样不会忘记自己付出的真挚友情被某些人无情地遗弃甚至加以利用。我们珍视真正的友情，同时也要有效防止某些人对友谊的不良企图、利用或者欺骗。

那么，我们怎样才能做到这一点？不要忘了古人的忠告和提议，"害人之心不可有，防人之心不可无"。既然你借钱给你的朋友，那你为什么不让对方打个借条？你不让对方打借条并不能证明你更珍视你们的友情，而你让对方打借条也丝毫不能说明你漠视你们之间的友情。至于合约，朋友是朋友，而合约利益则是合约利益。现在，许多地方连朋友出去吃饭都要实行 AA 制，大家均摊饭钱，除非有人先声明请客。这不能证明他们的友情观念淡漠，相反，他们都能在朋友需要的时候毫不犹豫地出手相助。"亲兄弟还得明算账"，这句俗话应该为我们所牢记。

想欺骗你的感情、做你的朋友的人，会对你不停地诉说自己的一切，甚至会声泪俱下，相对来说，他们更关心你的成功，而尽量不去过问你的失败和你的困境。对于这些人，如果你已经看透他们的用意，那么你不要让他们成为自己的朋友，但也绝不能让他们成为你的敌人。

记住，如果你一时无法确定一个人值不值得交往，而对方又一直将自己的感情掩藏得非常隐蔽，那么给对方一个充分的时间和空间来表现自己。时间是判断一个人对你的感情真假的最好凭证。不管对方多么擅长表演，多么擅长掩饰自己的感情，也会偶有失误的时候。对方的失误是你最好的契机，抓住了，对方便会渐露端倪，并最终露出狐狸尾巴来。

如果你足够细心，你就能从别人对你说话的态度上判断出你的选择是否正确，从而能够将人群加以区分。

第九章

益友百人少，损友一人多

　　世事复杂，人心难测，张扬的人未必险恶，最难对付的是外表柔弱的奸诈之人，因为他容易让我们因疏忽而遭到算计。特别是那些口口声声以你的利益为重的人，看似和你走得很近，其实心与心之间的距离很远。

同事之间谨慎交友

在职场上，追求工作业绩，希望赢得上司的好感，获得升迁，以及其他种种利害冲突，使得同事间存在着一种竞争关系。而这种竞争在很大程度上掺杂了个人感情、好恶、与上司的关系等复杂因素。表面上大家同心同德、平平安安、和和气气，内心里却可能各打各的算盘。利害关系导致同事之间也可能同舟共济，也可能各自想各自的心事，因此关系免不了紧张。

既为同事，几乎天天在一起工作，低头不见抬头见，彼此之间会有各种各样鸡毛蒜皮的事情发生。各人的性格、脾气禀性、优点和缺点也暴露得比较明显。尤其每个人行为上的缺点和性格上的弱点暴露得多了，会引发各种各样的矛盾和冲突。这种矛盾和冲突有些是表面的，有些是背地里的；有些是公开的，有些是隐蔽的；有些是表现于外的，有些是潜伏的。种种的不愉快交织在一起，便会引发各种矛盾。

同事之间要在一起分工处理一些事情，这些事情如何处理，每个人都会有一些自己的想法。合适与否，对公司的发展，对每个人的利益会有什么影响，很多人都有自己的一本账、自己的一本经。别人的见解、处理方法，很多人都会拿来与自己的做比较，一旦认为别人的水平超过自己，处理事情的能力胜过自己，就会不服气。例如，某人干得很出色，获得上司的肯定与看重，这就会令他人产生嫉妒之心，尽管许多人意识不到这是嫉妒。

由于上述种种原因，人们往往对同事存有戒备之心。"逢人只说三分话，不可全抛一片心"的戒条在同事关系上能得到淋漓尽致的体现。大家都戴上一副面具去对待自己的同事，使得同事之间往往说套话，而直话、真话难得。人们往往在同事面前摆出一副表面和气的面孔，掩盖自己的各种弱点，掩盖自己真实的东西。

最重要的一点，同事之间关系太"铁"，还容易在某些事情上感情用事，从而犯下错误。同事之间关系好是好事，但也要有个界线，有个分寸。

真情相交淡如水

少时闻"君子之交淡如水"这话，总感到不以为然。与人之交嘛，讲的是性情投缘，应该同生死共患难。

多少年过去了，与人相交也多了。而今再来想"君子之交淡如水"这句话，觉得浅浅显显却明明白白，有许多的滋味在其中，却又是那么纯朴自然。

少时相交，便要相合相凝，那正是自身的不稳定性而带来的一种渴求，一种趋同性，就像文学潮流中的许多作品，从相互模仿中求得外在的认同，求得外在的承认，求得外在的影响。

说到淡如水，总使人觉得缺了浓浓的情感。其实，相交之情，不管是友情还是爱情，热烈也罢，奔放也罢，都是很容易表现出来的，真要如水一般真还不容易。那是平等，无所求，无杂质。如今，许多生意场上的人，开口闭口都说着朋友，酒杯一碰，多少友情为重的豪言壮语，却又有多少金钱收入的计较在内，盘算在内。也有多少人说着为朋友出头露面，并非直言，也非仗义。其实，你听我的，我就给你好处，那只是主人和仆从的关系；这一次你帮我，你就能得到我下一次的出面，那只是利益交换的关系。

真情相交如水，那才是真正的友情。

与人相交，既要保持自己内在的独立性，也要尊重对方内在的独立性。个性各异，自然会有矛盾和不如意。一旦一方委曲求全，也就没有了独立性。真正的理解和尊重，是一种对朋友真正的平等和民主，一切矛盾和不如意便都如水般流过去了，都在内心理解中消逝了，不再留下痕迹，而这需要一种超脱的大悟彻。

可以高谈阔论，可以默默无语，可以执手相游天地，可以经年只纸片言。只要内心怀着一份情，并不需要求，也不需要说，我能为你做的我自然会去做，你不能为我做的，我根本不会想着你去做。如水一般的相交，正因为难，能接受、能理解的知己也就很少。人生得一知己足矣！然而，人生真有这样的知己，那真是一种缘，那真是一种福，那真是一种皆大欢喜。

再亲近的朋友也应注意分寸

做任何事情都是过犹不及，要把握好做事的分寸，只有摆正自己的位置，不盛气凌人才能使自己被认可。有的人虽然向你表示尊敬，但并不代表他可以容忍你的过错，容忍你的冒失。所以对待别人应该礼貌有加，不侵犯别人的隐私，不该做的不做，不该问的不问，这样才能获得别人的青睐，不至于引火上身。

伊丽莎白一世是英国历史上一位著名的女王，她在位期间，励精图治，使英国从一个四分五裂的弱国一跃成为世界强国。

她有一名宠臣，名叫罗伯特。罗伯特长得十分英俊，棕色的头发，黑黑的眼睛，颀长的身材。他进宫时非常年轻，深得女王的宠爱，在很短的时间内，一跃成为女王面前最吃香的人物之一，女王甚至深深地爱上了他。有一天早上 10 点钟，他来到暖宫，那正是女王梳妆打扮的时间，门口的侍女告诉他，女王正在梳妆，不宜觐见。罗伯特恃宠任性，他想什么时候见女王就要什么时候见到女王，于是不待通报，不顾侍女的劝阻，径直闯进了女王的居室之中。

这时伊丽莎白女王刚从床上起来，几个被允许参加女王最隐秘的梳妆仪式的宫女，正围在女王的身边忙着。罗伯特的突然到来，使女王大吃一惊。

一个迟暮之年的女性，在这种时候是不愿让一个年轻的爱慕者看见她的，而罗伯特却闯了进去。他自己也吃了一惊，他几乎认不出女王了。此刻的伊丽莎白除了女王的威严以外，几乎没有一点动人之处，灰白的头发披散在脸颊两旁，眼角和额头上有了一些皱纹，双颊没有胭脂，眼睛的周围也没有油彩，平日那种耀人的奕奕神采荡然无存。她看见罗伯特进来，虽然心中吃惊恼怒，但还是声色不动地把手伸给他吻，并对他说，稍候就会见他。

罗伯特扬扬得意，以为女王对他百依百顺，可是他大大失算了。女王非但没有召见他，相反还下了一道御旨：罗伯特必须待在他的寝室里，不得踏出半步。罗伯特一下子从座上宾变成了被软禁的囚徒。

就在罗伯特被软禁不久，即发生了苏格兰叛乱事件，伊丽莎白女王费尽心思才平息了这场叛乱。之后，她迁怒于罗伯特，将他判处死刑。1601 年 2 月的一天，罗伯特穿着黑色的囚服，从伦敦塔的监牢里出来，走向恺撒塔上的断头台。

伊丽莎白女王斩杀罗伯特这一轶事，多少带有一点宫闱秘闻的色彩，但尽管如此，仍然给了我们一些启示。人与人的交往要格外注意分寸，切忌自认与他人关系非同一般做起事来便忘了尺度，尤其是与有层次差异的人交往时更要懂得"不越雷池"，这样相处起来才能皆大欢喜。

交友宜精不宜多

交友是提高人气的重要方式之一，但是朋友也不是交得越多越好。

朋友大致可以分为三类：第一类是工作朋友，即由于工作原因而结识的朋友，如同事、客户等；第二类是生活朋友，即是以前在学校或生活中结识的朋友；第三类就是一般性的"点头"朋友。前两类朋友都应有个限度，如果滥交，就会全部变成第三类朋友，所以滥交朋友势必会导致没有真正的朋友。

我们交朋友的目的一是让生活充实、丰富，能在工作之余有人一起娱乐、一起聊天；二是有利于工作，希望在工作上能得到朋友的帮助。很显然，朋友太多就不可能有太多时间去了解、交流，也就不可能建立真正的友谊。如果朋友之间没有一定的感情基础，那么就很难谈得上互相帮忙。所以，说生意场上认识的人多就好办事，那未必。没有一定的交往基础，别人肯定不会帮你的，除非你自己有权有势，别人帮你是想得到回报。所以，能结识一些相互欣赏、有情有义的工作朋友才是最好的。

滥交朋友的人会给人一种生活缺乏原则的感觉。如果你以认识的朋友多为荣，那你肯定会主动去拉拢各种各样的人，只要有机会，你就会热情主动地去结识。其实人际交往最忌讳大献殷勤，不卑不亢才是交际的首要原则。如果抛弃自尊去讨好别人，肯定得不到别人的尊重。而且一般以交友多为荣的人都希望结识更多有钱有势的风云人物，而这些风云人物最看不起故意讨好别人的人，因为他们见得最多的就是这种人。所以喜欢滥交朋友的人往往会失去自我，让人瞧不起，也往往缺少真正的朋友。

和朋友建立深厚的友谊需要各种努力，即使你们青梅竹马，几年不联系也可能形同陌路。因为社会在变，人也在变，不经常交流肯定会产生隔阂。而喜欢滥交朋友的人是肯定没有时间专门给一些朋友的，他们也意识不到友谊需要细心栽培，他们把朋友当作稻穗一样，以为认识了就像把稻穗捡回家里一样，以后想用就可以随时用。建立友谊需要不断地付出，朋友间的友谊就像爱情一样是个空盒子，你得倾注关心、帮助、理解，然后你才能得到关心、帮助、理解。滥交朋友的人是不可能不断地付出的，他没这么多时间和精力，所以他的朋友只是一些"点头"朋友。而且，万一不幸交了个无赖朋友，那就更麻烦了。

所以，交朋友宜精不宜多，要悉心结交一些志同道合的工作朋友和生活朋友，而且要有一定的感情基础，工作上才能鼎力相助，而不是建立在纯利益基础之上的关系。一些生活中的朋友要多加联系，因为这些朋友都是些有着共同经历、经过时间考验的知心朋友，要留一定的时间和精力不断加深友谊。这部分朋友是最可靠的，因为你们之间没有利益冲突，是一份最纯的友谊，任何时候他们都能给予你帮助。

当然，交友时要有一点戒心，也要有一定的识别能力。和一个人交往时要判断对方和你交往的动机是什么，是看重你的人还是其他，如果纯粹看重你的钱和势或其他利益，那么就不必深交。

当心突然升温的友情

如果你和某人只是普通朋友，虽然也一起吃过饭，但还谈不上交情；如果你和某人曾是好友，但有一段时间未联络，感情似乎已经淡了……

如果这样的人突然对你热情起来，那么你应该有所警觉，因为这种行为表示他可能对你有所图。之所以用"可能"这两个字，是为了对这样的行为保持一份客观。因为人是有感情的动物，他有可能在一夜之间，因为你的言行而对你产生无法抑制的好感。不过这种情形不会太多，而你也要尽量避免这种想法，碰到突然升高热度的友情，只有冷静待之，保持距离，才不会被伤到。

要分析这种友情是否有企图并不难，首先是看看自己目前的状况，是否握有资源，例如有权有势。如果是，那么这个人有可能对你有企图，想通过你得到一些好处；如果你无权也无势，但是有钱，那么这个人也有可能会向你借钱，甚至骗钱；如果你无权无势又无钱，没什么好让别人图的，要想想是否希望利用你来帮他做些事。例如，有些人就被骗去当劳力，或者他的重点在你的亲戚、朋友、家人，而你只是他过河的踏脚石。

面对这突然升高热度的友情，你要做到以下几点。

1.不推不迎。

不推是不回绝对方的"好意"，就算你已经看出对方的企图，也不要立即回绝，否则很可能得罪对方；但也不可迫不及待地迎上去，因为这会让你抽身不得，抽了身又得罪对方，把自己变得很被动；不推不迎就好比男女谈恋爱，回应得太热烈，有时会让自己迷失，若突然斩断"情丝"，则会惹恼对方。

2.冷眼以观。

"冷眼"是指不动情，因为一动情就会失去判断的准确性，此时不如冷静地看看他到底在玩什么把戏，并且做好防御，避免措手不及。一般来说，对方若对你有所图，都会在一段时间之后就"图穷匕首见"，显露他的真实目的，他不会跟你长时间耗下去的。

3.礼尚往来。

对这种友情，你要"投桃报李"，他请你吃饭，你送他礼物；他帮你忙，你也要有所回报。否则他若真的对你有所图，你会"吃人嘴软，拿人手短"。

自己要注意

朋友多不是件坏事，但是要注意的是，并不见得每一个朋友都对你有正面的影响。有的人虽然一开始没有恶意，但是到最后还是给你带来了很多麻烦。

当然其中也有些人可能一开始就抱着"利用"的心态来接近

你。而我们也很难有什么特别的方法可以辨识，我们如果把所有的人都当成坏人来看，工作就无法正常开展了。

最重要的还是自己要多小心一点，才能避免一些不必要的麻烦。下面的一些事情就是你应该要多注意的。

1.要有勇气说"不"。

如果你的朋友很多的话，就可能参加各式各样的活动。有时候是为了工作，也有时是为了玩乐，另外也有请托的事情，有的时候只是为了打发时间。

如果你对任何一个朋友的要求都一一答应的话，那么再多的时间也不够用，甚至会让你无法抽身。

所以有时候对待别人的事情要适可而止，多花一些时间精力在自己应该做的事情上。应该说"不"的时候，就要明确地回答"不"。不能光为了别人的事情，就把自己忙得团团转。

2.不要成群结党。

有些很想做坏事，但是自己一个人没什么办法，也没有胆量，到最后就是把别人一起拖下水。

你万一不小心被拉进去了，之后不但自己麻烦，甚至还会波及其他的人。其实，有时候自己并没有这个意思，却可能在不知不觉中背叛了信任自己的人。一旦发生这种情形，自己的声誉、形象会受损。

所以在公司里，如果有同事想要和你结成党派，这时你就应该抱着坚定的态度拒绝他们。

3.要成功，就必须靠自己努力。

有一句老掉牙的话，"天下没有白吃的午餐"，也许你不爱听，如果你真的也能这样认为，那多半错不了。

有很多人虽然明白天底下没有不劳而获的道理，但是一旦遇到有人怂恿他做某些事可以赚多少、有多大利益的时候，就会心动，这是人性的弱点。尤其是有名望的人，总是会被别人直接或间接地拿这些话来游说。

"所有的成功都要靠自己的努力去争取。"这句话有它的道理。没有人能不靠自己的努力就会成功、获得幸福的人生。太轻松又获利高的事情，大多是要靠特殊的渠道的，一旦稍有闪失，反而会逼得自己失败，这一点一定要记住，不可不慎。

4.不要随便帮人家签字、盖章。

就算是亲近的家人和朋友，也不要随便帮他们签字、盖章。

受人请托盖章时，必须要有相当的判断力和洞察力。工作中，为了亲朋好友的委托而盖章，成了替罪羔羊的人真的很多。

有人缘的人通常都免不了这一类的请托，所以随时都要小心谨慎，不要被别人拖累。

5.不要乱牵线。

有名望的人接受别人请托的时候，总是会全力以赴地帮助人家，想办法帮对方与某某人制造认识的机会。如果这事对大家都有好处，倒是无可厚非。问题是这样做，常常会产生一些负面的效果。

因为有时候事情并不是这么单纯，有些人很自私，只想利用某人做某事。这样如果还帮这个人的话，就等于是给自己的朋友带来了困扰，从而产生了一些负面的效果。

来者不拒的精神虽然值得嘉许，但是一旦碰到帮人引荐这种情形时，最好还是要仔细评估，慎重考虑才好。

6.就算和人再亲密，也要保持距离。

和人交往，一定要注意的是因为太熟悉而产生误会。通常两个人一旦熟了起来，就会不拘小节，忘了应该有的分寸。

没有分寸的结果，会很容易造成角色的模糊，自以为是，会认为对方的想法也会跟自己一样。其实，就算你认为很合理的事情，并不见得他的想法就和你一样，于是两人之间就很容易产生一些误会，甚至引起争执。

有名望的人之所以经常会卷入这些麻烦事，就是因为他并没有这么想，别人却认为他的想法一定和自己一样，对他有所期待，于是误会就产生了。其实，别人要这么想，我们也没办法，如果一直对别人的想法置之不理的话，很可能对方就会怀恨在心，甚至中伤你。

像这种事情经常会发生在亲密的朋友身上。所以不论多么亲密的朋友，最好还是保持一定的距离。

哥们儿义气害人害己

友谊不是拉帮结派，也不是搞小团体聚会。有的人交朋友，将"有难同当，有福同享""朋友之间，不分你我""有求必应，决不含糊"作为人生信条。在这些人的眼里，哥们儿义气重于一切。然而，哥们儿义气不是英雄气概，也不是侠气，更不是大仁大义的气质，哥们儿义气害人害己。为什么这么说呢？

首先，这种哥们儿义气、朋友义气，毕竟是一种狭隘的、落后的小团体意识，与"互相关心、互相帮助、互相爱护"的新型社会人际关系是格格不入的。人与人之间本应平等互助，以诚相见，互相学习，互相帮助，不计恩怨，不拉帮结派。而出于"哥们儿义气"拉帮结派，把正常的人际关系庸俗化，破坏了人与人之间的正常关系和真诚的友谊。

其次，这样的"哥们儿义气""朋友义气"易使人堕落，不务正业，甚至走上犯罪道路。有些人鼓吹义气第一，把朋友之间的支持和信任奉为最高的道德准则。用他们的话说就是"有福同享，有难同当"，"为了朋友义气，敢于两肋插刀"。这些人关系紧密，有的还以兄弟姐妹相称。他们在扭曲的情感心理的支配下，有的在帮人打架时拼命冲杀；有的被哥们儿义气所左右，丧失了原则，做出种种不应该做的事，从而走上了违法犯罪的道路；有的视这样的哥们儿义气为精神寄托，不顾工作，不管家庭，从而造成工作没成绩、家庭关系也不断恶化的结果。

最后，哥们儿义气往往成为别有用心的人为达到某种目的的工具。有些人为了达到个人目的，到处投机钻营，想方设法寻找门路。而哥们儿义气又往往是他们借以实现个人目的的手段。他们在找到合适的人选后，便会使尽一切手段，拉关系、套近乎，使用小恩小惠、甜言蜜语的方式博取对方的好感和信任，建立亲密的关系，进而达到"朋友之间，不分你我"的程度，在你深深地沉陷于这种所谓的友情中的时候，提出自己的要求。而你因碍于情面，便丧失原则，不管所求之事是否合乎道德、法律，是否符合规章制度，都一概应承，帮助其牟取私利，就很危险了。

所谓的"朋友真情""哥们儿义气"，不仅是一副沉重的精神枷锁，更容易使人堕落。"哥们儿义气"害人害己。

对身边的人要留心

世事复杂，人心难测，张扬的人未必险恶，最难对付的是外表柔弱的奸诈之人，因为他容易让我们因疏忽而遭到算计。特别是那些口口声声以你的利益为重的人，看似和你走得很近，其实心与心之间的距离很远。同样，在危难时，曾被怀疑的朋友往往成为救星，十分信赖的朋友却往往成为背叛者。须知道，世上有很多人心口不一、表里不同，要看清真相是很困难的。

顺境中，特别在你春风得意之时，凡来往多的都可以称为朋友。大家礼尚往来，杯盏应酬，相互关照。如果风浪骤起，祸从天降，比如你因事而落魄，或蒙冤被困，或事业失意，或病魔缠身，或权力不存等，这时你倒霉自不必说，就连昔日那些笑脸相对、交往甚密的朋友也将受到严峻考验。那时，势利的人会退避三舍，躲得远远的；担心自己仕途受挫的人，会与你划清界限；酒肉朋友会因无酒无肉而另找饭局；甚至还有人会乘人之危落井下石，踩着别人的肩膀向上爬；当然也有始终如一继续站在你身边的人，把一颗金子般的心捧给你，与你生死相依、患难与共。如古人所说："居心叵测，甚于知天，腹之所藏，何从而显？"在患难之时，真朋友、假朋友、亲密的、一般的、铁哥们儿、投机者就泾渭分明了。

权力、职位、金钱、利益历来都是人心的试金石。有的人没富时自觉人微言轻，尚可与伙伴们亲如手足、同喜共忧。一旦他的地位上升了，便脾气见长，结朋交友的观念也发生了质的改变，对过去那些"穷朋友""真朋友"不理不问，甚至保持一定距离，羞于再与他们接触。

在利益面前各种人的灵魂都会赤裸裸地暴露出来。有的人在对自己有利或利益无损时，可以称兄道弟，显得亲密无间。可是一旦有损于他们的利益时，他们就像变了个人似的，见利忘义、唯利是图，什么友谊、感情统统抛到脑后。例如，在一起工作的同事，平日里大家说笑逗闹，关系融洽。可是到了晋升时，因名额有限，僧多粥少，人的真面目就露出来了。他们再不认什么同事、朋友，在各场合直言强调自己之长，揭露别人之短，在背后造谣中伤，四处活动，千方百计想把别人拉下去，自己挤上来。这种人的内心世界在利益面前暴露无遗，谁又敢和他们成为朋友呢？

当然，大公无私、吃亏让人、看重友谊的还是多数。

岁月可以成为真正公正的"法官"。有的人在一时一事上可以称得上是朋友，日子久了，共事时间长了，就会更深刻地了解他们的为人、他们的品格。所谓"路遥知马力，日久见人心"，说的就是这个意思。如此长期交往、长期观察，便会达到这样的效果：知人知面也知心。

慎重对待朋友的许诺

俄国寓言作家克雷洛夫很穷，一次房东与他签订租契时，房东写道：假如克雷洛夫不慎引起火灾烧了房子，必须赔偿 15000 卢布。克雷洛夫看后，不但没提出异议，反而提笔在 15000 后又加上两个"0"，房东惊喜地喊道："怎么？150万卢布！"克雷洛夫不动声色地回答："反正我也赔不起。"

老子说："夫轻诺必寡信，多易必多难。"一个人轻易许诺，多半是缺少诚信的。如果把事情看得太容易，多半会遇到困难。

对于克雷洛夫那样的穷人来说，1万和100万是没有区别的，所以他不在乎赔偿金额写多写少。一个不切实际的标准，是没有探讨价值的。一个人如果完全不和你计较合同的条件，那只能说明他从来没有履约的打算。

所以最怕遇到那种绝口不提钱、只与你称兄道弟的人。他可以把胸口拍得啪啪山响，一口气给你许出十个诺来，于是你庆幸遇到了爽快人，毫不犹豫地履行了自己那份义务。可是该他兑现时，除了没完没了的嘻嘻哈哈外，你得不到任何实质性的答复，当初的承诺等于废纸一张。你这才明白，从一开始他就没有认真考虑过履约的问题，他压根就没当回事。

反而一开始就和你讨价还价的人，往往才是最诚实可靠的。因为他充分考虑了合同中每一条款的合理性和可行性，也考虑了违约的后果。只有严肃认真对待承诺的人，才会去推敲它、修改它，这样经过充分协商认可的契约，才有履行的基础。

诺言轻易出口也就少了分量。一个人如果处处和你称兄道弟，过于和你亲热，往往背后有不可告人的目的。人与人之间固然需要感情交流，但工作是严肃的，严肃的事情还是要严肃对待，不然一切就成了闹剧。

合伙做事要慎重

创业不仅需要智慧、胆识，更需要资金。若家里没有充足的财力支持，合伙是最常见的方式。不过合伙之后拆伙的情形也时有发生，因此合伙虽然是较为简单的创业方式，风险却也很高。

合伙事业有两种情形，一种是你当老板，邀别人入股并参与经营；另一种是别人当老板，你受邀入股并参与经营。

不管是哪一种情形，合伙事业都有可能出现下列的情形，导致合伙失败。

1. 经营观念不同。如果公司赚了钱则罢，若赔了钱会指责主事者的不是。但就算赚了钱，还是有可能因经营观念不同而引起股东们的摩擦，最后彼此撕破脸，分道扬镳。

2. 经营遭遇困境。碰到这种情形，胆小的、自私的，会先行退股，资金一抽走，岂不雪上加霜，倒得更快？

3. 利益分配不均。多心者会认为主事者造假账，所以自己分红分得少，这种不信任迟早会导致合伙解体。

4. 彼此倾轧斗争。公司一赚钱，便会发生利益争夺，结党结派，你斗我，我斗你；强势者采取增资手段，逼弱者出售股权，把弱者赶出去，当然还有其他手段。

5. 股东自立门户。有些股东一旦翅膀硬了，便不愿再和别人分享利益，便会退股自立门户，还把商机、客户一并带走。

6. 潜逃。有些人邀人入伙根本就是要坑人，待吃饱捞足便一走了之。上这种当的人很多。

　　当然，还有其他原因。不过只要有以上其中一种情况，这合伙事业便亮起了红灯。不管你是股东还是负责人，合伙失败总是一件惨事，有时还要蒙受相当大的损失。

　　因此，要合伙，你得非常慎重地考虑很多事情。

　　1. 要签订合伙契约，明确各股东的权利与义务，包括职位的分配、决策的模式、增资的时机、退股的条件、红利的分配等事项。

　　2. 如果可能，你所找的合伙人最好不要参与经营，以免人多嘴杂，最后不欢而散。也就是说，出力的出力，出钱的出钱，当然股东有在固定时间了解营运状况的权利。

　　3. 对合伙人必须有相当的了解，包括其做事能力及个性。若不了解，很容易疑心生暗鬼，出现分歧。这不利于合伙事业的发展。

　　有人说，合伙事业要彼此坦诚、信任，话是不错，但问题是，你既坦诚也信任别人，但你的股东可不一定如此。好朋友合伙最后闹得不欢散的情况时有发生。所以合伙做事业还是慎重为好。

第十章
做好办公室工作的几个小技巧

有时候办公室的同事之间会产生矛盾。尽管你力图努力工作，但有时你仍会发现自己的身边就是有人在"捣鬼"，他们会从语言和行动上给你造成阻力。一旦你发现有这么一个人的存在，就表明办公室里已经有人"捣乱"了。面对这种情况，首先需先审视一下自己，看自身有无问题，然后再观察下周围的人。

职场上应与人保持适当距离

森林中有十几只刺猬冻得直发抖。为了取暖，它们只好紧紧地靠在一起，却又因为忍受不了彼此的长刺，很快就各自跑开了。

可是天气实在太冷了，它们又想靠在一起取暖，然而靠在一起时的刺痛，又使它们不得不再度分开。就这样反反复复地分了又聚，聚了又分，不断在受冻与受刺两种痛苦之间挣扎。最后，刺猬们终于找出了一个适中的距离，既可以相互取暖又不至于被彼此刺伤。

人在职场之中，有时要像刺猬，身上长点刺来保护自己。因此，人与人之间是不能走得太过亲近的。但是，职场之中，人与人之间是要相互协助的，于是人们又不得不联合在一起。既不能亲近，又不能疏远，保持适当的距离，是职场人际关系处理上的要点。

若是与同事太过亲近了，相互坦言自己的性格爱好、隐私、优势、弱点，那就等同于把自己暴露于对方眼皮底下，一旦对方与自己发生竞争，这无疑是很不利的。同事之间存在的竞争实在太多：面对客户市场要竞争，面对升职、福利等要竞争，在形形色色的竞争或潜在的竞争之下，双方还是拉开一点距离为好。

如果双方走得近了，只好做朋友。若为朋友而甘愿放弃竞争，那样会使自己的收入、发展前途等受损失。

公司是与利益相关的地方，其人际关系从一开始就有着强烈的功利意义。朋友则是一个高尚的词语，从一开始就要求人们对之怀有高尚的心态。职场上交真朋友不容易，需要你有高超的做人、做事技巧。

面对"笑面虎"同事

王芳刚到公司的时候，对自己所从事的行业不了解，部门主管郭兰自然成了她的入行老师。那个时候的王芳对郭兰嘴可甜了，左一个兰姐，右一个兰姐地叫，王芳下班后还会到郭兰家串门。

郭兰是个挺人性化的上司，她对于别人的好意从来不懂得拒绝，比如王芳常会给她两岁的儿子买一些小礼物，郭兰则经常手把手地教王芳。

可没想到的是，两年后王芳辞职到另一家公司，她竟然成了郭兰公司最大的竞争对手。她抛出了郭兰曾经给她透露过的一些公司计划，来了一个"先下手为强"，搞得郭兰措手不及。事情虽说已经过了很久，可是每每想起这件事，郭兰就会郁郁寡欢一段时间。她想不明白自己诚心对待的人怎么会那么无情无义，对她那么好，她却在背后给自己如此大的一击。

其实这没有什么想不通的，像王芳那样的人就属于表面笑脸相迎，背后却是有着一张丑陋的脸的笑面虎。

我国古典名著《红楼梦》中王熙凤的为人做派就是表里不一的典型例子。

贾琏瞒着妻子王熙凤和贾母等人，在外面偷偷地娶了尤二姐做小妾。本来，封建社会中像贾府这样的官宦人家，纳妾也要明媒正娶，不过王熙凤是个醋坛子，所以贾琏不敢把尤二姐带回府里来，只好在外边另买了一处宅子安置小老婆。

　　尤二姐的性格很随和，对待下人挺和气，所以下人也敢在她这里说三道四。这天，尤二姐向兴儿问起有关贾府里的人和事。兴儿说到王熙凤，真是一肚子怨言。他说王熙凤对待下人很刻薄，只会哄贾母和王夫人高兴，心里可是歹毒着呢。

　　尤二姐说："你背着她这么说话，将来背着我还不定说什么呢。"

　　兴儿听了这话，吓得连忙跪下，她说："要是贾琏先娶了尤二姐这样的人做正房奶奶，就是下人们的造化了，少挨打挨骂，做事也不用提心吊胆。"跟随贾琏的几个下人，都知道尤二姐体恤下人，争着到这里来专门伺候她。尤二姐叫兴儿别害怕，又说她还要进府去见王熙凤呢。兴儿连忙摆手："奶奶您千万别去，最好一辈子不见她。那个人嘴甜心苦，两面三刀，上头一脸笑，脚下使绊子，明是一盆火，暗是一把刀，都占全了。像奶奶这样斯文善良的人，根本不是她的对手。"

　　兴儿这番话，把王熙凤当面一套、背后一套的做事风格，惟妙惟肖地勾画了出来。

　　现实生活中也有许多这种人，见人说人话，见鬼说鬼话。当然，那些人之所以这样，自然是有自己的目的，或为色，或为利，也或为权。从古到今，财富始终是人们追逐的目标。这个有着无穷魅力的东西，吸引着人们的目光。但追求的方式却因人而异：有人是赤裸裸的无所顾忌，有人是犹抱琵琶半遮面的羞答答，有人是吃不着葡萄笑其酸——真给了他，立刻可以飞上了天。清高如李白者，创作了千古流传的佳句："安能摧眉折腰事权贵，使我不得开心颜。"据后人考证其真实心境，却是在发牢骚罢了。

在追逐财富的路途中，笑脸对待眼前的所有人，然而转过身去，就可能对刚刚笑对的人大骂几句，或者是一旦财富到手，就会对以前的所谓"故人""恩人"等"严肃"对待。

看清了、看透了这些笑脸表象之下的丑恶，我们就应该对那些"皮笑肉不笑"的人有一定的提防之心，不能被眼前看到的所蒙蔽。最好能够做到以第三者的身份看那些人表演。

记住，在你相信一个人之前，要学会对他进行全面观察和考验，不要一味地作"看他那样面善，一定是个好人"这类假设。因为每个人都有私心，你无法阻止他们可能利用你的善良去达到自己的某些目的。

以小见大，举一反三

辨别金属可听其音，看人可听其言。言辞能透露出品格，行为能透露出的东西则更多。在这方面欲有所获，需要小心谨慎的观察能力和很强的鉴别能力。

日本曾有这样一个传说。永禄时期，力量最雄厚的是北条氏康，他称霸于关东地区。有一次，北条氏康在战场上同长子氏致一起吃饭，战时的饭食是很简单的，只有米饭汤。然而，氏致吃着吃着又往饭里加了一碗汤。此事北条氏康看在眼里，记在心上。他马上产生了联想，为什么氏致连自己饭量有多大都没有数呢？从吃饭吃到一半时又加一碗汤来看，至少可以认为氏致是个没有多少远见的人。北条氏康的担心日后不幸变成了事实。30年后，氏致因为缺乏远见，被丰臣秀吉的大军围困，同弟弟氏照悲惨战死。称雄一时的北条氏从此日趋灭亡。

依据"行为内在一致性"原理，可通过以下办法鉴定某些言行的真正内涵。

1. 恶意责备的人多半是想满足自己的支配欲望和自尊心。他们常爱抓住别人的毛病小题大做，横加指责，这种人对他人尖酸刻薄，自尊心较强，具有支配他人的愿望。

2. 说话好诉诸传统的人大多思想保守。这种人不管什么新事物出现，都喜欢用传统的东西作为评价标准。这类人多数是经验主义者，其思想保守、僵化，也表明了其顽固不化的性格。

3. 说话好见风使舵的人大多无原则性。在生活中，许多人说话时是以听话对象为转移的。他们自己没有一定的主见，完全是"看人下菜"。契诃夫称这种人为"变色龙"，他通过同名小说的主人公奥楚蔑洛夫活画出了这种人看风使舵的嘴脸。这种人的真理没个准儿，如果有必要，他们可以朝令夕改。

4. 说话暧昧的人大多数喜欢迎合他人。这种人说同一句话既可这样解释，又可那样解释，含糊其词；这种人处世圆滑，从不肯吃亏，懂得如何保护自己和利用他人。

5. 经常对他人评头品足，论长道短的人，说明他嫉妒心重，心胸狭隘，人缘不好，内心孤独。如果他对诸如别人不跟他打招呼之类的小问题耿耿于怀，说明他在自尊心上易受挫，渴望得到别人的尊重。有些人常以上司的过失和无能为话题，则表明他自己有出人头地、取而代之的愿望。

6. 有人在说话时极力避开某个话题，这说明他在这方面有隐情，或者在这方面有强烈的欲望。比如当一个人的心中对金钱、权力或某异性怀有强烈的欲望时，很怕被别人识破，于是就故意避开这个话题以掩饰自己的真实想法。

7. 与你聊家常多半是对方看不出你的真意。交谈时，对方先是与你谈一些家常话，这表示他想了解你的实力，探明你的本意，试探你的态度，然后好转入正题。

多对周围人的言行进行观察，对其内心进行剖析，方能做好工作，少犯错误，达到"观人于微而知其著"的境界。

识下属

在上司身边转的人很多，可以说良莠不齐，用心各不相同。如果不注意选择和鉴别，很有可能会被一些别有用心的人所蒙蔽。这些人成事不足，败事有余，不可掉以轻心，否则到头来自己反容易遭其暗算。所以，作为上司，在工作中要练就观人察质的本领。

1. "势利眼"。

他们善于察言观色，脸皮很厚，在工作上也爱讨价还价，要求上司给他们晋升或加薪；或者在工作上不安分，却热衷于和上司套近乎，不愿凭工作业绩得到上司的重用和提拔，只想通过和上司的私人关系捞到好处。

"势利眼"一般都嘴甜、心细、脸皮厚，上司光凭自己的眼睛很难识破他们，因为这些人很会伪装自己。只有多听取其他员工的反映，才能看穿这种人的真实面目。

2. "两面派"。

他们在人前往往有一张永远灿烂的脸和甜蜜的嘴，而在人后则是另外一副模样。上司在场不在场，他们的表现完全不一样。上司在的时候，他肯定是最勤劳的一个，连脸上的汗水也顾不得擦，就是想给上司一个好印象；上司一旦离开，他就待在一旁休息了。

对待"势利眼"和"两面派"，无疑是不能与之走得太近的，他在哪个部门任职，哪个部门就会被他搞得乱糟糟。作为上司，一旦发现你的下属是这样的人，就应做到心里有数。

3. "随风倒"。

这类人完全没有自己的主见，总是采取迎合别人的姿态，往往谁也不得罪。上司提出一个新的政策措施，他们总是随声附和，其实心里想的可能完全不是那么一回事。

隋炀帝在位时，臭名昭著的大臣裴蕴观察出炀帝不爱听与其相反的意见，喜欢听话的人，于是他便时时处处表现出顺从听话的样子。他任御史大夫时，炀帝想给谁加罪，他就曲法顺情，构成其罪；炀帝欲宽宥谁，他便重罪轻判，将之释放。就这样，裴蕴越来越受到炀帝的宠爱，官越做越大，炀帝对他也是言听计从。司隶大夫薛道衡因违炀帝之意遭到谴责，裴蕴便落井下石，在炀帝面前大献殷勤，数落薛道衡的种种不是，结果炀帝盛怒之下便杀掉了这位忠诚的司隶大夫。裴蕴的恶劣行为使人心日益厌隋，加速了隋王朝的灭亡。

这类下属八面玲珑，行事为人都以一己私利为出发点，不会是一个很好的执行者。当上司委派任务给他们的时候，他们往往毫不迟疑地一口答应下来，却往往不会认真去做，甚至没了下文。

4. "乱嚼舌头"。

有些下属爱打听别人的隐私，喜欢传播小道消息，对他人评头品足。对于这类人，上司不妨告诉他几个所谓的"小秘密"，看他是否会泄露出去。若发觉他传播给别人的内容远多于你透露给他的，就要小心了。这样的人多半是靠不住的，永远不要把单位的一些重要消息告诉这类人，否则就好比在你身边安了一颗定时炸弹，没爆炸的时候风平浪静，可迟早有一天会爆炸的。

5. "溜须拍马"。

这类人不难识别，从他们的言语、动作和神情上就可以判断出来。大凡溜须拍马者，都是打着关心他人的旗号，好话捧着、好礼送着，将上司侍候得如皇帝般舒舒服服，使其不得不考虑重用他们。而得志后就为所欲为、作威作福，甚至打你个耳光你还以为他在帮你赶蚊子。接着他就一步步腐蚀你。正所谓"上有所好，下必附焉"。要识别这类人，关键在于上司能否时刻保持清醒的头脑，处处自重、自省、自警、自励，对于那些无事献殷勤者，既有古人"恶其媚"的刚直不阿，又有"暴语于朝"的惩戒手段，溜须拍马者自然就没有了市场。

客观对待持反对意见者

有一类人跟你的意见相左。他们对你的不满源于他们不同意你的工作计划、策略和目标。这类人还相对比较容易应付，因为其问题很直接，这只是由于你们在达成某个目标或达到那个目标的路径上意见不同。处理这种问题最好的方法是正面回应。如果可能，弄清楚这个人反对你什么，如果这种反对在你看来是合理的，你应该修正你的计划以消除不和谐。多数人在面对这种情况时，做出的第一反应往往是回击，但你冷静地思索一下，就会发现你的合作态度能多么有效地解除对方的敌意。

还有一类同事对你印象不佳，这就难处理得多，因为牵涉私人问题时状况就更为复杂。如果你相信有人对你不利是因为他对你个人的印象不佳，就不能轻易使问题得到缓和。这会极大地降低你与你身边的人的工作效率，还会导致巨大的感情消耗。发现自己与明显不喜欢你的人一同工作或相处，会破坏你在工作中保持的良好心态及全心全力做好工作的努力，最终还会造成对自尊心的伤害。对待这类敌意的办法是，首先检讨一下自己是否做过一些无法挽回的事情。如果是因为你曾做的什么事导致对方产生敌意，你可考虑道歉或做出其他和解行动来加以弥补。你大方的表现很容易消除紧张气氛。如果问题的来源是你不能或不愿更改的某些东西，你能作出的选择就会少一些。比如这个人不喜欢你的体形、你穿着的方式或其他你不能或不愿改的方面，在这种情况下你只有少数几种选择，最好是尽可能地回避这种人。如果他们知道自己对你的负面反应是你不接受的，而你的反对足够强烈，很可能他们就会停止当面对你的消极反应。你需要做的下一件事情就是暗中观察反对你的行动。在这种情况下，最好的反应是不允许他们在暗地里活动。如果有必要，应当面要求他们公开为他们的行为负责。这样他们就会知道他们对你的行为是你不接受的。尽可能强烈并大声地说出你对他们的负面反应是无法容忍的。除非他们是真正的好战分子，一般来说，你的强烈反应都会使他们放弃与你作对。

在现代社会，企业也不可能是一块"净土"。在企业中还有一些喜好玩弄政治的人，有些人可能会被迫加入某个团伙。当你在任何问题上持某个立场时，立刻就有人跳出来反对。尽管这是不可避免的，但还是可以减少这种敌对情绪。如果你发现你认为对你事业重要的某个人站在反对阵营里，你就要尽量减少你们两人之间的分歧。如果你与这个人在分歧发生之前关系很融洽，最好是与此人坦诚对话。如果你能表明立场，你们的分歧只是在这个问题上，而不是基于私人或工作表现，你可能就会发现这种状况只是暂时的，给你们任何一方都不会造成太大的伤害。

客观对待竞争者

在同事之间存在着很多利害关系，在一个人的欲望膨胀，或利益受到危害的时候，"善人"也会在利害关头显示出"恶"的一面。例如，有人为了升迁，不惜设下圈套打击其他竞争者；有人为了生存，不惜在利害关头出卖朋友……因此，与同事相处，你要时刻提醒自己：防人之心不可无。

1.明争暗斗的竞争者。

俗话说得好，"一山不能容二虎"。在一个团体中如果遇上一位资历、能力与你不相上下的人，无论他怎么善于伪装自己，也多半会成为与你明争暗斗的竞争对手。假如你不幸遇到的是一个阴险狡诈的人，尽管你屡建奇功，但要想尽快升职也确非易事。

小李与小马是公司最得力的两名干将，又同在市场部工作。最近公司准备提升一名业务主管，小马积极主动地向公司写了自荐信，说她才是升职的最佳人选，而且为了论述她升职后的宏伟蓝图，她还大肆抨击她的前任上司的错误。而小李在朋友的参谋下，也向高层写了封自荐信，粗线条地谈了谈升职后的工作设想，但只字未提前任上司的事。工作之余，她又分别邀请了几名副总裁共进午餐，较详细地谈了一下她任职后的工作方案。当上司准备考虑给小李升职时，她突然发现自己签发的文件漏洞百出。她怀疑有人窃取了她的电脑密码，暗地里把文件给涂改了，但苦于没有证据，她便决定采取以静制动的策略，忍气吞声默默承受着"工作失误"的委屈。果然事隔不久，在一次中层人士会议上，制造"文件事件"的始作俑者小马终于沉不住气了，借"文件事件"大肆发挥，终于暴露了她害人的不道德行径。真相大白之后，上司很欣赏小李处理问题的方法，如期升了她的职。

2.排斥异己的竞争者。

不管你是不是一个一心向善、想成就一番事业、无意拉帮结派的人，当你的工作准则、目标和业绩已经危及潜在的竞争者时，你的工作就不会一帆风顺。通常，那些惯于排斥异己的人都网罗着一帮人。假如你无意中冒犯了其中一个人，就可能惹来一伙人的攻击。

武凡为人正直，聪明干练，在公司人气很旺。同事阿杰善于迎合上司，因此在公司也拥有不小的势力。虽然他们在不同的部门，但阿杰一向认为与自己不和的武凡将来会危及自己的利益。

公司有一个职员与武凡很投缘，而这个人恰巧是阿杰的好友。在一次谈话时，武凡把自己因过分相信客户而被套牢一笔贷款的事向他讲了。没想到第二天上司便派人查问武凡，而阿杰落井下石，对此事刻意渲染，使武凡成了公司上下非议的对象。所幸的是武凡及时坦诚地向上司陈述了事件的原委，加之他在公司的人缘好，在几个朋友的帮助下终于顺利平息了此事。

在职场中生存最关键的是要稳扎稳打。如果不幸偶尔出现过失，必须及时向上司说明事件的原委，并努力寻求补救的办法。如果你想隐瞒事实真相，那只能为那些排斥异己的竞争者留下攻击的把柄。

3.视你为潜在威胁的竞争者。

如果你遇到的是一个嫉贤妒能的上司，那你的日子就不太好过了。也许有人会认为，只要凭自己的实力，为公司多创佳绩，就一定能得到重用。这你就大错特错了，那个小肚鸡肠的上司会视你为潜在的竞争者，处处为难你、打击你、排挤你、压制你，你与你的上司争输赢，注定是一场打不赢的仗。

陈冲奉老板之命与上司共同策划公司的企划书，她认为这是一次向老板和上司表现自己才能、将来获得提升的最好机会，因此她十分卖力。她以公司的光辉业绩为主题，设计了一个广告活动企划书。当她满怀信心地将活动企划书送呈上司审定时，上司却以规模太大、难以组织为借口否定了她的方案。陈冲依恃自己为公司呕心沥血的无私精神，愤懑不平地找到老板。虽然陈冲的活动方案最终被采纳实施，她却在活动筹备阶段因一个小小的事故被辞退了。

陈冲在事业上的失败，在于她不明白上层管理者（比如老板）与中层管理人员（比如她的上司）之间的游戏规则：老板选择一个称职的中层主管不容易，选择一个称职的普通员工却很容易。而陈冲却天真地认为，自己的所作所为只要是为公司的利益着想，就一定能得到老板的赏识和肯定。但是她不知晓，一个普通员工，一旦使上司的颜面在老板面前尽失的话，自己赖以生存的饭碗已危如累卵。因此，无论你在何时何地若遇到嫉贤妒能的上司，要想获得施展才能和抱负的机会，只有两条路可以选择：一条是努力改善同他的关系，时刻以大智若愚的气度与其周旋；另一条就是另谋他就，否则永无出头之日。

4.惹是生非的竞争者。

在任何一家公司都避免不了遇到一些惹是生非的人，这些人往往为公司立下过战功或者曾经是业务上的尖子，属于强手之类。因为某种原因而遭冷遇，因此他们常常借助与别人发生争执、摩擦，控诉过去曾开罪他的人，或者专门对公司上下评头论足、指手画脚，以发泄心中的怨愤和仇恨。你如果想在公司中不惹是非，千万不要招惹这种人，否则吃亏的多半是你自己。

尔冬上班不久就感到办公室内的气氛比较沉闷，经过细心观察才发现公司的"元老级同事"——建筑设计工程师张华特别爱制造事端。但尔冬只顾埋头工作，对张华的所作所为置之不理，为此在一次会议上老板公开表扬了尔冬的出色表现。谁知这下惹着了张华，他公开向尔冬宣战。尔冬当然也不甘示弱，凭着自己是大学高才生的优势，准备好好回击他。恰在此时，尔冬准备竞争另一个较高的设计师职位，面试和笔试都令老板满意，事情却突然没了下文。后来尔冬通过调查了解到，正是张华从中做了手脚。

千万不要跟猪打架，你只会弄得一身脏，而且让猪很快乐。前进的路上有了苍蝇，不要花费精力去驱赶它，你只管走自己的路。当遇到惹是生非的人时，不可以凭一时之勇，尝试着去征服他，因为他们不做正事，有的是时间、精力和心思与你"打持久战"，而且惯于使用手段，千方百计引诱你参与这种毫无意义的"游戏"。

假如你不加理会，他们也许会弄得声名狼藉，而且终有一天碰到真正的对手，被人狠狠地教训一顿方才罢手。也许你有能力去"征服"他，但你的事业、你的前途绝不允许你这么做。

5.曾经帮过你的竞争者。

那些曾经带你出道、引荐你升职、辅佐你事业的师姐、师兄、上级、长辈等。按理说他们没有理由帮你而又去害你，但事有多变。

王梅最初是在一家星级宾馆当客房服务员，她的热情及敬业精神得到上司的赏识，渐渐由领班干到部门经理。一次王梅的上司患病住院，偏巧宾馆要承接一个会议，她不得不挑起重担。总部经理检查工作时对她的出色表现非常欣赏，会议结束后直接把她调往总部任职。她原准备去看望一下上司的，但因时间不允许就耽搁了。直到一年后她准备竞争总部经理，而上司却在副总裁面前批评她时，她才意识到自己得罪了人。

那些曾经栽培过你的人似乎永远有权对你颐指气使，如果你有朝一日超过了他，就会令他颜面尽失，于是与你过不去的事情就会接二连三地发生。

通过对以上各色竞争者的分析，相信你对"防人之心不可无"有了更深刻的理解，懂得了与职场中人交往要进退得宜，有理有节。那么，究竟该如何做呢？

（1）巩固城池。

不随便暴露出你个性上的弱点，不轻易显露出你的欲望和企图，不露锋芒，不得罪人，勿太坦诚……别人摸不清你的底细，自然不会随便利用你、陷害你，因为你不给他们任何机会。

（2）阻却来"敌"。

对他人的动作要有冷静客观的判断。凡异常的动作都有异常的用意，把这动作和自己所处的环境一并思考，便可以发现其中的玄机。

掌握了以上两条，会对你的工作大有助益。

道不同不相为谋

没有谁愿意和自己合不来的人在一起合作。但有时候，你会发现两个人经常因为意见出现分歧而发生争吵，甚至拳脚相向，最后不欢而散。

面对这种情况该怎么办呢？既然观念不同，就不妨各自为战，没必要非纠缠在一起。这就是"道不同不相为谋"的原则。

每件事情都是在双方相互合作之下做成的。双方无法达成协议，不能同甘共苦，自然失去了合作的基础。

有三个能力强的年轻人合资创办了一家高科技公司，并且分别担任董事长、总经理和副总经理的职务。开始时，人们以为这家公司一定能创造辉煌的业绩，但几年后，这家公司不但未能创造辉煌的业绩，反而连年亏损，员工一天比一天少。究其原因，还是在三位创始人身上出现了问题，他们谁都想说了算，可谁说了都不算。最后，一件事也没做成功，管理层内耗导致公司效益严重亏损。

这家公司隶属一个企业集团，总部发现这一现象后，连夜召开董事会研究对策，最后决定，让这家公司的总经理退股，撤掉他的总经理职位，改到别家公司投资。旁观者都认为，这家公司算是

"歇菜"了，谁还扛得住亏损之后又来个撤资的打击呢？然而，事实却令人大吃一惊，在留下来的董事长和副总经理的勠力合作下，居然发挥出公司最大的生产力，在最短的时间内使公司生产和销售总额较从前翻了两番，几年来的亏损不但得到弥补，还创造了巨额利润。而另一位改投别家企业的总经理自担任董事长后，也充分发挥出自身的实力，表现出卓越的经营才能，创造了骄人的业绩。

这个故事说明了什么问题？自然是"道不同不相为谋"。习惯上，我们认为一个人的智慧抵不上多数人的主意，因而有"三个臭皮匠，赛过诸葛亮"的俗语诞生。但我们要承认，每个人都有自己的个性、有自己的想法，相互之间如果无法在意见、决策上达到一致，合起来的力量就会分散，甚至抵消。

一加一得二，是再简单不过的算术题，可放在合作上就不是这么回事了。

在事业上几个人共同协作，一加一能得三，得四；如果互相牵制，一加一可能得零，甚至得负一。

"道不同不相为谋"，否则会使双方产生恩怨。有鉴于此，同时为了避免不必要的麻烦，在选择与人相处时千万要想到，不要"合不来"硬往一块凑。这样谁都看对方别扭，怎么都不顺眼。结果只会多结"恩怨"，哪能互相合作呢？

七种同事须认真对待

1.爱哄人的同事。

这类同事经常对你说些很动听的话，他们之所以这样说，是因为他们知道你喜欢听。俗话说："哄死人不偿命。"但是，你对这类同事不要抱有任何幻想，因为他们绝不会自找麻烦来实现对你的承诺，仅是说说而已。他说给你介绍个客户见面，当你做好了与客户见面的准备时，他却又找了个借口溜掉了。所以，你若对这类同事抱有希望，只能怪自己犯了"幼稚病"，对他们所说的话应当作过眼云烟，听过就算了；也不要因为他们的不守信用而大动干戈，树无谓的强敌。

2.事事同意的同事。

这种同事对任何人的建议都给予鼓励支持，好像他们不会压制任何人的创造力，他们最喜欢说的话就是"我同意""可以这样干"等。遗憾的是，他们说完就没了下文。他们会对任何建议给予一视同仁的赞赏，所以他们的赞赏从根本上来讲毫无意义。因此，当你有项目或为更好地完成老板所布置的任务需要找个人商议时，不要去找这种人，因为这只能浪费掉你的时间，而对事情本身毫无裨益。

3.无事不通的同事。

这类同事有个雅号叫"活字典"，似乎世间万事万物他们都无所不知、无所不晓。对于他们来说，没有他们不知道的事，只有他们不想知道的事。这类同事自认为有着计算机一般的脑子、冠军般的信心、蜗牛般的直觉，在他们的字典里唯独缺少"我需要帮助""我错了""这件事我不知道"一类的话。

这类同事的外表很能迷惑人，所以你一定要把眼睛擦亮，认清其真实面目。要知道，他们若真是如此"博才多学"，那早成就一番事业了，至少也该是个部门的负责人吧，不会仅是个小职员。对待这类同事"热心的指点"，你要学会一个耳朵进，一个耳朵出。面子上要敷衍，不必让他们下不了台，但心里一定要清楚地认识到，他们所持的意见往往是断章取义或道听途说的，只会将人引入歧途。

4.人格僵化的同事。

人格僵化的同事最易得到老板的赏识。他们长时间地加班加点工作，并在每个细节上苦下功夫，对自己的要求也较高。所以在老板眼中，他们是以勤奋、敬业而出众的。其实你只要仔细观察就会发现：他们是不会为难自己的，因为他们所关心的无非是些无关紧要的细节问题。不管他们是在数回形针，还是打扫卫生，他们都表现出一副"鞠躬尽瘁，死而后已"的样子。

所以，你一定要努力避免和这种同事一道工作。因为，他们的外表假象早已迷惑了老板，倘若你不能做成他们那个样子，会被老板认为工作不卖力。同时，你要对这类同事所持有的"敬业精神"经常加以赞扬，满足他们所渴求的那份虚荣，这样他们也许会在老板面前替你美言几句。

5.啰唆的同事。

这类同事似乎天生就爱管闲事，整天啰唆个不停，像个"长舌妇"一般，把传小道消息当作自己的本行，对别人的事情往往表现出极大的关心。

他们会对你说："有什么心里话请对我讲吧，我会为你保守秘密。"但其实这是根本不可能的，他们无非是想从你那里获取点谈资又去对别的同事卖弄一番。这种人唯一的好处是每当他们从你这得到一点消息后，他们就会觉得有义务告诉你一点有关别人的秘密，这样也有助于你对其他同事的性格及其他同事间的交往有所了解。但危险在于，他们既然会对你公开别人的秘密，同样也会对别人公开你的秘密。明白了这一点，你也就明白该如何对待这类同事了。

6.佯装无能的同事。

佯装无能的同事表现会像个"大孩子"：不会用复印机（这自然要请别人帮忙），不会用计算机（结果使整个工作速度变慢），无法应付一个很小的客户或一笔很小的业务（这也自然要请别人参谋），等等。而其实他们这一切只不过是"作戏"而已，目的是偷奸耍滑，只要能不干就不干，以虚心请别人帮忙的态度把自己分内的事推脱给别人做。倘若一旦出了事，他们自然也不会承担任何后果。

对待这类同事的请求应该持回绝的态度，因为这种帮助有了第一次就会有第二次，没完没了，到头来只能影响到自己的工作效率。所以你应该对他们说："对不起，我也很忙。"当然，尽量和颜悦色，他们碰了一次"软钉子"后自然会知趣地走开。

7.真正无能的同事。

这类同事最大的本事是能被别人聘用，第二大本事是在你不太注意的地方闹个非常愚蠢的笑话，当你发现的时候已经为时过晚。所以，你要是某个分部门的负责人，切不可用这种人；若你跟他分属不同的部门，千万不要和他一起合作。他闹个天大的笑话出来，别人也会认为你没水平。

上述七种同事普遍存在于各个公司中，与他们打交道务必留心。若处理不好同他们的关系，一样会影响你的工作。

提防"密友"

一个刚毕业的大学生，进入一家互联网公司做职员。刚进这家公司的时候，对什么事情都不太了解，大家都很忙，也没有什么人有空来帮助他。

就在他不知如何是好的时候，有位行政职员非常热心地照顾他，两人成了好朋友。日子一久，他发现这位行政职员的牢骚越来越多，一开始，他只是倾听对方的牢骚。后来，工作一忙碌，压力过大，难免会有一些情绪的问题，于是也开始背后对公司和主管批评了起来。他心想，反正对方也批评公司，所以就很放心地不时吐吐苦水。

有一天，人事主管将他找了去，问起他对公司的批评。他吓了一跳，只好死不承认。后来，他离开了这家公司，临走前，一位资深员工偷偷地指着那个行政职员对他说："你不知道他和你所学的专业相同吗？"

从某种意义上说，这个职员是幸运的。他虽然被排挤出了这家公司，但最终他了解到了事实的真相。虽然他心里很震撼，不过日后在处理人际关系上定会小心谨慎了，这对他一生都是有着很大的教育意义的。其实还有许多人，被人暗箭伤了仍蒙在鼓里。

在某次你不在场的会议上，有人将做错事的责任推到你身上，后来你从老板、上司或其他同事口中得知此事，你该怎么办？

首先确定的一点是：最好不要忍！要敢与同不正之风作斗争，要敢于发声，有"退一步海阔天空"想法的人多半是会被欺负的。如果你不甘心做一个被欺负者的角色，那你就该尽力抗争。把事情的真相告诉老板、上司，摆明态度并澄清声誉，这样，别人才看得出你的应变能力、处事态度和真正才干。对待恶言中伤你的人，则应该与他当面对质。只有让他知道你对他存有戒心、对他存在威慑，才能让他在以后的日子里对你不敢造次。否则，A中伤了你，你不敢声张，B见你软弱，也凑上来欺负你，C看见有机可乘，也来凑个热闹，你就永无宁日了。

在一部古典名著里有一个经典实例：有个官员在洗澡的时候发现澡盆里有几块石头，他很生气，想把司管浴盆工作的人抓起来打一顿，转念一想又放弃了。他问管家如果司管浴盆的人不在了，谁将从中获益最大？管家回答了另一个人的姓名。官员把这个人叫来，问石头是不是他放的，这人见官员如此精明，只好承认了。

由学校步入社会之后，多多少少会因为一些利益问题，变得不再那么单纯，但是，绝对要保持清醒，千万不要受到某些思想不端正的人的影响，让剩下的纯真善良被搅和得混沌不明。

管住自己的嘴

很多新人刚步入职场，对工作环境难免感到陌生，甚至手足无措。这时候若有老同事对其热情关心和帮助，往往就心存感激，将其当成自己的好友，推心置腹，无所不谈，殊不知这样做就好比在身边埋了一颗定时炸弹，十分危险。

刘蕾在一家公司任人事经理。任职一年后，公司来了一个行政人事总监李梅做她的顶头上司。公司里，总有些同事向刘蕾打听"新来的总监怎么样""什么背景"，甚至有人问刘蕾"她年纪多大"，刘蕾知道祸从口出的道理，所以摆出一问三不知的样子应付那些无聊的好奇者。刘蕾在公司里有个好朋友小敏，两人经常一起吃午饭，几乎无话不谈。刘蕾因不满公司的安排，为自己在公司的升职无望感到灰心。有一次，刘蕾和总监李梅为一件事意见出现分歧，晚上在酒吧刘蕾向小敏大倒苦水，说和这位女上司相处如何困难，还谈了不少她在工作中的错误和短处。小敏还一个劲地劝刘蕾想开些，说了许多不要和这种女人一般见识的话。

但是，自从那次晚上酒吧"畅言"后，刘蕾和总监的关系逐渐僵化。刘蕾开始感觉女上司对她的态度越来越不友好，刘蕾的很多建议她都予以否决，甚至在开会时公开批评刘蕾，而她稍加改换刘蕾的方案拿到总经理那里，又变成了她自己的好建议。不仅如此，她还招聘了几个新人到刘蕾部门，忍无可忍之下，刘蕾愤而辞职。

有一天，刚到新公司上班的刘蕾，在一家餐馆就餐时，偶然发现小敏竟然和人事总监李梅在一起友好就餐。刘蕾感到心寒，她猛然意识到自己被人卖了还在帮人数钱。

办公室里，同事之间通常只是隔着一扇小小的"屏风"，再加上工作的单调，聊天就成为一件极平凡的事情了。但是有些人说到兴起之时，口不择言，不管什么都像竹筒倒豆子那样一点不剩地倒出来，往往一句话脱了口才知道错了。然而，说出来的话就像泼出去的水，是无法收回的。有时候，你可能也会纳闷自己的私事怎么像长了翅膀似的，传得那么快，甚至连老板都会问起你。有一点要切记的是，不管是热恋、失恋，还是别的什么事，都不要把自己的故事带到办公室。

小燕是个文静的女子，刚失恋的她，忍不住向同事诉说，不知怎么这件事传到了老板耳朵里，老板在会上说："有的人连男朋友都摆不平，公司的事怎么可能放心交给她处理呢？"不久小燕就被调职，工资也像"木瓜打狗，不见了一大截"。

在公司，首先是创造利润，其次才是友谊。在商言商。所以，同事之间不容易找到真心朋友。所谓的帮派、圈子，都是建立在利益的基础上，利益一旦不存在，同盟马上解体，在新利益的驱动下再形成新的圈子。

假如你是一个新人，不要指望与你同一个级别的同事中会有人真心地给你提供帮助，因为你的出色就意味着别人的失色。他们甚至连传真机放在什么地方都不会主动告诉你。

当你在朋友面前对同事的友好大加赞美之时，你的种种恶行可能已经通过同事的年终评定汇集到老板那里，然后你就会被老板打入"不受欢迎"的黑名单中，不但得不到加薪、晋升，而且会在冠冕堂皇的理由下被调往最不喜欢的岗位。直至你失望地主动提出辞职为止，你仍然不会知道问题究竟出在什么地方，同事依然微笑着和你说再见，老板依然对你努力工作的态度表示感谢。

所以，掌握与同事相处的技巧就显得尤为重要。在这些技巧中，最根本的就是要善于把握好同事之间交往的距离。

不偏听，不轻信

每一位职场人士都希望自己能有一个良好的发展，并最终获得成功。要想在职场上获得成功，有一点非常重要，那就是永远不要轻信。

尤其是职场上的新人，在刚刚进入一家新的公司的时候，对新的环境不是十分了解，这个时候就容易偏听、偏信，甚至由于对某些事情不明就里而被人利用。

小章大学毕业到一家公司没有多久，他的部门经理就离职到另外一家公司高就了，新的部门经理很快到任。由于感情上的原因，小章经常会和前经理联系一下，通通电话什么的。而现任经理属于那种对前经理当面客客气气、背后拼命诋毁的人，到任之后，他就极力地排挤与前经理关系密切的人。这样，小章的日子就更难过了……

前经理告诉小章，与他一个办公室的同事华某是前经理的好兄弟，如果有事情可以找他商量。小章看华某一副事不关己高高挂起的样子，也没想怎么求他帮忙，但对他倒是不再设防。由于现任经理的冷淡，使得小章和前经理的电话往来越发密切，电话也是越打时间越长，有时候小章还会在电话里说说现任经理的一些不是和坏话。当然，小章没有避讳他的同事华某。结果一次部门会议上，现任经理劈头盖脸地说：有的办公室电话费不正常，需要整顿一下……

会议一结束，小章立刻致电前经理：不能再煲电话粥啦，现任经理在批评了。当时只有华某在场。不久部门召开的一次会议上，现任经理就说：我上次说电话费不正常的事，不是说别的办公室，而是××办公室，大家别多心。

他真不是说小章的办公室吗？那么现任经理是怎么知道小章的想法而去刻意澄清的呢？是谁告诉他的？接下来的事情更是让小章郁闷：那一年小章的年终奖金被生生砍掉一大部分，气得小章不得不换了一家公司。小章的事不能怪别人，只怪自己太轻信人。

在职场上也不要试图找一个倾诉者，这一样会给你带来麻烦。一个年轻的女孩子因为轻信一个办公室的老大姐，把自己在学校时候交往了几个男友、和男友同居的事情全盘讲给了这个老大姐，结果不久，全公司的人都知道了她的"情史"，闹得她上下楼都有人对她指指点点，让她好生尴尬……

信任别人是一种美德，但轻信别人则是一个人的性格弱点。我们无论在什么时候，一定要学会以自己的思维来思考问题，不要把别人的话作为自己看待问题的唯一标准。不轻信，用自己的眼睛去观察，用自己的心去体会，是一个人成熟的表现。

第十一章
君子之心，雨过天晴

　　人生从某种角度看也是一场大戏。在这场戏中，为了求生存，必须要有慎重的生活方式和态度，这样才不至于走入弯道，吃大亏。当然，新的时代有了新的风气，社会日趋和谐，法制日渐健全。但是，社会也并非净土，要小心谨慎，战战兢兢，保持敬畏。

理顺自己

在这个社会里，所有的成功者都在人际关系方面得到过有效的辅佐与协助，他们在处世应变之时胸有成竹；同样，几乎所有的失败者也都在人际关系方面遭受过残酷的挫折与伤害，他们在世事变化面前束手无策。

面对人生百态，有办法的人和没办法的人都免不了要在"人难交，世难处"的窘境中奋力挣扎一番。人们不可能总是顺着你的意愿来做事情，甚至就是你自己，有时也难免做出一些身不由己的事情来。不过，有一点是肯定的，那就是不管是什么人，要想在处世应变中处处领先，占据上风，他就必须先处理好人际关系，理智地面对自己、面对社会、面对名利、面对感情；必须理智地面对生存、发展和竞争。只有先理顺自己，然后才能理顺世界。

1.残酷的竞争。

平常日子，人们也许能保持友好共处的局面。一旦共同面对竞争，那又会怎样？古语说："胜者为王，败者为寇。"在竞争之中，古今中外上演过多少残酷无情的厮杀格斗、不择手段的悲喜闹剧。谁能如愿以偿？唯有竞争中的佼佼者。于是，在这个社会上，人与人之间的竞争越来越激烈。

2.难舍的利益。

"天下熙熙皆为利来，天下攘攘皆为利往。"平常的日子，人们都能做到彬彬有礼、和睦相处，当面临某种利益冲突时，又将是一种什么局面呢？真正能做到超脱世俗、淡泊名利的，毕竟是为数极少的人。事实上，社会的日益多元化，消费层次的丰富多样，人们对金钱、利益带来的切身体会也更强烈。"没有永久的朋友，只有永远的利益。"这是商场常用的一句话。

3.不同的能力。

能力的差异，会相应地造成身份的差别、地位的高下、财富的多寡等多方面的不同。它会让两个近在眼前的人心灵变得遥远，交流充满障碍。能力不同的人，所树立的理想自然也大不一样。每日所思所想也大相径庭，这样的两个人往往很难融洽地相处。

4.各色的期望。

有人期望世界大同，有人期待权倾朝野，有人渴望豪宅名车，有人满足于衣食无缺……人各有志，无可厚非，不过最重要的是，每个人的梦想都激励着他们去生活、去创造，这就够了。不同的梦想构成了不同的人生走向，构成了不同的社交圈子、不同的交际层面。但是，我们在享受着期待给我们留下的美好感觉的同时，也不得不提防着期盼的失落将给我们带来的从云端到地面的"跌跤"感。

5.交往易，交心难。

有人说，一千个人眼里会有一千个哈姆雷特，因为每个人心里的感受不一样，得出的看法就有千差万别。当我们真正知其心时，很多事情便会迎刃而解；当我们走进心理误区时，会造成很多差错，当然也包括交际的差错。

和平相处

在亚热带，有一个由三种动物组成的非常有意思的生物链，即毒蛇、青蛙和蜈蚣。毒蛇的主要食物是青蛙，青蛙却以有毒的蜈蚣为美食，在青蛙面前是弱者的蜈蚣却能够使比自己体形大得多的毒蛇毙命，一般的毒蛇对其无可奈何，三者间两两都是水火不相容的。有趣的是在冬季里，捕蛇者却在同一洞穴中发现三个冤家相安无事地同居一室，和平相处。

它们经过世代的自然选择，不仅形成了捕食弱者的本领，也学会了利用自己的克星保护自己的本领：如果毒蛇吃掉青蛙，自己就会被蜈蚣所杀；而蜈蚣杀死毒蛇，自己就会被青蛙吃掉；青蛙吃掉蜈蚣，自己就会成为毒蛇的盘中餐。这样一来，为了生存，青蛙不吃蜈蚣，以便让蜈蚣帮助自己抵御毒蛇；毒蛇不吃青蛙，以便让青蛙帮助自己抵御蜈蚣；蜈蚣不杀死毒蛇，以便让毒蛇帮助自己抵御青蛙。三者相克又相生，这是一个多么奇妙的平衡局面。

这个平衡格局揭示了一个道理：有时竞争者的存在，往往比消灭他们更有利，更能起到积极的作用。利用竞争者才能达到让自己更好地生存的目的。

以宽容的态度对待竞争者，在工作过程中保持平衡的状态，这比敌意十足的对抗更为明智。

在每一天的生活中，谁也不能保证身边没有一些潜在的竞争者。若你任由自己卷入人际冲突和玩手段、抢功劳、为小事争吵不休的纷争，只会耗尽你的精力，影响你的工作效率。另外，你还会浪费了原本应该用在正事上的宝贵时间。但是换个角度来思考，如果能努力了解别人的动机，你就会发现你的竞争者和你之间的相同点远比你知道得要多。在他们身上，有你所缺少的、需要你学习的，而他们带给你的压力正是一种最难得的动力。你所要做的就是敞开胸怀，彻底消除抵触情绪，坦然地面对他们。

你应该勤于向竞争者学习。要想战胜对手，就要有向对手学习的勇气，做到知己知彼。只有这样，才能在竞争中立于不败之地，否则，就会在自我陶醉中成为"井底之蛙"。向对手学习减少了自己探索的风险；向对手学习更有益于审视自我，扬长避短，发挥优势。首先了解对手的竞争实力、竞争方法和竞争策略；其次要增强竞争的应变能力，根据竞争需要不断调整应对战术，力求随机应变。

竞争者是重要的参照物，他的存在证明你本人存在的价值。在对手身上你能看到自己的影子，有了相似之处也就有了理解的基础，有了相互尊重的前提。珍惜对手就是珍惜自己，宽容对手是自尊的表现。

先严后宽

心理学家霍斯曼曾经提出，人与人之间的交往本质上是一种社会交换，这种交换同市场上商品交换所遵循的原则是一样的，即人们都希望在交往中得到的不少于付出的。其实何止是得到的不能少于付出的，甚至得到的远远大于付出的，才会令人们内心平衡。要"好"就要先从"不好"开始，再提升到"好"的层次。所谓"不好"倒也不是无理的苛求，而是给他一种精神上的压力，让他知道你并不是"好好先生"，那么对方便不会心存"反正他不会对我怎样"的侥幸。过一段时间后，再对他"好"，这样对方会因"松了一口气"而感激你。

也就是宁可先严后宽，再宽严并济；若先宽后严，多半会引起对方的反感和怨恨。就像给小孩糖果，先给少再给多，他会很高兴，并且称赞你的"好"；若先给多后给少，他就要生气哭闹了。成年人也是如此。另外，也可让对方为你的"好"付出代价，绝不可让他有"得来容易"的感觉，否则他就不会珍惜你对他的"好"了。先严后宽也要保持平常心，对根本就不理会你的"好"的人，不要因为对方的无情而生气，对忠心耿耿、始终如一的人也要拿出真心，不要手段。当然，与人交往自然是以"诚"为重，但讲求一点方法，会让你的付出变得更有价值。

控制情绪

每天八小时，你对办公室的印象会如何？如果你认真计较的话，每天都可以找到四五件让你生气的事情。如被人诬害、同事犯错连累他人、受人冷言讥讽等。有人不便即时发作，便暗自把这些事情记在心里，伺机报复。这种仇恨心理，很有可能让你自食其果。

你会无端树敌吗？一个同事不知何故总不跟你说话，甚至在背后中伤你，你应该以牙还牙吗？不！那只会令你沦为泼妇骂街一般的人物，亦妨碍你的事业进展。

工作上要坚守原则，公事公办；同时切莫凡事都向上司或老板告状，因为他们只会认为你太小家子气，这对你一点好处也没有。

若要真正获得同事的尊敬与爱护，你就要注意自己的表现，切勿盛气凌人、恃宠而骄，做出令人憎厌的事情。你要学会与每一个人融洽相处，表现出你的随和与合作精神。面对同事的时候，不要忘记你的笑容与热忱的招呼，还要多与对方进行眼神接触，在适当的时机赞美一下他们的长处。

假如你不得不对某位同事的工作表现予以批评，你的措辞也要十分注意。先把对方的优点说出来，令他对你产生好感后，他才会接受你的建议，还会视你为他的知己良友。

人人都有情绪低落的时候，你要努力控制自己的脾气，切勿把心中的闷气发泄到同事的身上，这是自找麻烦的愚蠢行为。没有人愿意跟一个情绪化的人相处，上司更不会对他期望过高。替自己建立一个随和的善解人意的形象，是成功的重要因素之一。

人皆有七情六欲，遇到外界的不良刺激时，难免情绪激动、发火、愤怒，这是人的自我保护本能的正常反应。但这种激动的情绪不可放纵，因为它可能使我们丧失冷静和理智，使我们不计后果地行事。因此，我们在遇到事情时，在面对人际矛盾时，要学会克制、学会忍耐，而不要像炮捻子，一点就着。

林肯说得好："与其为争路而被狗咬，不如将路让给狗。即使将狗杀死，也不能治好伤口。"

中国古语讲："小不忍则乱大谋。"如果你想和对方一样发怒，你就应想想这种爆发会产生什么后果。发怒多半会损害你的身心健康和利益，所以你应该约束自己、克制自己，无论这种自制是如何吃力。

不轻易出拳

也许你认为，拳头生来就是用于打击的，因此你提着两只老拳跃跃欲试，手心发痒，总想对什么目标打出去。你也许没有深想，拳头握在手上才最有力量，打出去了力量就耗散了，耗散了便成了"强弩之末"，并暴露出自己的实力虚弱，引起对方反攻。

有力量，能制胜，固然不错。但是穷兵黩武，让天下人讨嫌。无力量，不能制胜，便最没趣了。以卵击石，更是自找苦吃。

拳头不能轻易打出去，打出去，就是出招（直拳、勾拳、虚拳）。出招高明，少有破绽，尚可。不高明，多有破绽，那就有祸了。战国时，秦军千里奔袭郑国（千里奔袭，未有能够隐藏的，即使在交通很不发达的时代也多是如此），劳而无功。回来的路上，被晋军在崤山设伏，一举全歼。因此说，打出去并不全都趾高气扬，也有倒霉的。打出去不高明，更容易倒霉。秦军千里袭郑就是最好的例子。

拳握在手不打出去，或深藏着，含而不露，才更有力量。

1.让对方摸不准你的实力和根底。

2.他们也会因此不知道你将打向哪里，什么时候打，怎样打。悬剑下落并不可怕，将落未落，不知何时下落，才更让人无时无刻不胆战心惊。相反，悬剑斩定，人也就死猪不怕开水烫，索性一拼罢了。

3.保持威慑性，拳头是一种威慑力量，应让它具有威慑性地存在，威慑大于打击。这样兵不血刃，无劳有功，两全其美。

4.拳头打出去了，虽然对方不能占便宜，可是自己也会伤筋动骨，自己也吃亏。据说蜜蜂蜇人后，自己也会死。因此，在没有必要的时候，不要让自己因"蜇人"而死掉。

在生活中，我们常爱炫耀自己，有没有实力，都爱挥拳出击，最后却只有黔驴技穷，让人轻易收拾了。深藏拳头，不露根底，保持威慑，这是最好的对敌之策。

放大格局

在工作生活中，感到自己受到了不公正待遇，受到了歧视，心中作何感想？情绪将引起怎样的波动？你应该怎样作为？

愤怒，暴跳如雷，卷起袖子与对方打一场、骂一架。这样，只是把你当时的激动情绪粗暴地发泄了一下罢了，结果只是毫无价值地耗损了你的精神力气，于对方可能毫发无损。而你受歧视的处境将依然如故，不会发生丝毫的变化，甚至受歧视更深。然而在我们的周围却有许多人就是这么对待被歧视的。这种愚昧粗鲁的方式，是欠考虑的。

无能之辈常被人小看，而智者也会因不理会外界各种利害关系、政治分歧、名利争夺、嫉贤妒能而受到不公正待遇。孔子一生备尝了种种欺诈、圈套、陷害之苦，历尽挫折和艰辛。许多大人物都是从被歧视的逆境里走出去的。

智者和一切有骨气的人受到的歧视，反而成为他们发愤图强的动力。他们不去与人计较一时之长短，在短暂的利弊关系中、肤浅的个人荣辱上，他们能避开那些扰扰攘攘、热热闹闹的角逐，而闷声不吭地暗暗下定决心，去磨炼自己、充实自己。他们能够卧薪尝胆，向着远大的目标出发，而不去在意周围那些琐碎的人事倾轧。

过多地陷入鸡毛蒜皮的矛盾纠缠之中，对别人的一举一动过于敏感，对别人对自己的评论、观感之类过于关注，唯恐别人小看了自己、藐视了自己或凭空猜疑别人等，全是心理虚弱、自卑的表现，全是作茧自缚、自设陷阱、自找苦吃。

打倒自己的，常常是自己，而不是别人；歧视自己的，常常从自己开始，并不是别人。

不管别人飞短流长，走自己的路，让他们说去吧！一直向前面走去，连眼珠都不转过去，旁人能奈你何？

对歧视你的人，你可以鄙视他，或视若无物，用沉默回击他。绝不要认为歧视你的人都比你高明，他可能本来就比你差得多。

即使歧视你的人比你高明，那也只是在某些方面暂时高你一筹而已，譬如比你多读了几本名著，职称比你高一点，或实权多一点，或外语流利一点，或长得英俊一点……而这一切都不代表他的人格比你高尚，你和他同样是人，具备同样的人的尊严。你在他面前完全没必要自惭形秽。

当社会地位比你高的人歧视你时，为维护自己的人格尊严，你也要毫不畏惧地回击他，不把他放在眼里。这样，他受到的刺激、他的人格损失，可能比你更深。

不管别人对你有什么评价，怎样对待你，你给人家什么印象，你仍然是你，流言的实质对你无所增，亦无所损。

以心换心

人的一生千头万绪，方方面面，随便哪一方面哪一时刻的有意无意之间，都可能造成人与人之间的误会。

你不喜欢某人或许是缘于某次误会。

误会大多始于日常生活中鸡毛蒜皮的小事，一句笑话、一个脸色、一篇文章、一封书信、一道传闻、一件用具什么的，或长期相互隔绝，互不交往，这些都可能成为产生误会的原因，引起误会。

不论遭到别人误解或者误解别人，只要是一种负面意义的误解——把美好误为丑恶，把善意误为恶意，把真诚误为虚伪，把正确误为错误，把鲜花误为毒草……都可能成为人生中的一层阴影，一重难堪，一种痛苦。

有些误解初时不深，若未及时消除，裂痕可能会随着时间的加长而增大、加深。有的甚至因误会加深而成为仇敌。

误解既已形成，不论是你遭到了误解或你可能正在误解别人，唯有互相疏通才能达到理解，使误会消除。

只是，难处在于如何自觉地意识到你的人际关系中误解的存在。

通常，人际关系中容易产生误会的是这样一些人：交谈或交往极少者、互不了解个性者、性格内向者、个性特别者、自视清高者、狂妄傲慢者、神经过敏者、常信口开河者、爱挑剔小节者等。

与上述这些人交往，不论是初次的还是经常的，你都要注意你的言行是否容易产生歧义，是否可能遭到误解，或者你是否对他存有偏见和误会。

如果你已经意识到遭到了误解，最简便直接的办法当然是直接与误解你的人解释交流，推心置腹、坦诚相见。不要搁在心中，不要犹豫顾忌。你可以借一次家宴、一次舞会、一次公关活动、一次约会或一个电话互诉衷肠，以你心换他心，以他心换你心。疙瘩解开，冰消雪融，重归旧好。

如果没有这种直接交流的机会，或者觉得直接解释交流的方式有些难为情，用电子邮件的方式详尽地阐明自己的想法，也可以化干戈为玉帛。

如果对方对你误解太深，已经对你形成偏见，乃至把你视同仇敌，这时，你首先可以通过间接的方式，请误解者亲近的、信得过的人出面，让他在你们中间做桥梁、做媒介，把误解者的怨气和意见、把你的诚意和本心都予以传达疏导。到一定时机，你们就可以发展到直接解释交流了。

天下没有解不开的结，没有打不破的坚冰，没有过不去的火焰山。

一切前提和基础就在于当你被误解的时候，能够宽容大度、不予计较，反倒主动地想方设法去消除对方之误，此为君子度量。

当你受到误解的时候，如果你对对方之误厌恶、憎恨，压根儿不想去消除它，更不愿主动去做疏通工作，以为那样做是降低身份，就显得太小气了。

圣人云："受国之垢，是谓社稷主。"意思是说，承担全国的屈辱，才算得上国家的君主。如果你在小小的人际关系圈内都受不得丝毫委屈，那你就只好形孤影单了。

薄责于人

　　有句古话是"躬自厚而薄责于人"。意思是说，我们要反省自己的行为，严格要求自己，加强自身的修养，同时不要对别人太苛刻，不要只盯着别人的缺点，而是要看到他们的优点，并且要以宽容大度的心态对待别人的缺点，包容他们的过失。

　　中国传统文化讲求仁德，教导人们对他人有爱心，要宽厚，对自己却要很严格。这样的人，他的人格是健全的，容易受到人们的尊敬。孔子曾说，事事严格要求自己，而对别人的要求很宽松，就不会带来很多怨恨。孟子说，要求别人很多，而自己做得甚少，就像不锄自己田里的草，却跑去拔别人田里的草，这种人是很讨厌的。

　　有一句话叫"从自己做起"，意思是要对自己有严格的要求，事事走在前面，以行动成为其他人效仿的榜样。这样，在要求别人做什么事情或不要做什么事情时，你的话、你的要求就显得有分量。有时即使我们自己能做到的事情，也不能苛求别人同样做到，因为人和人毕竟是有差别的，你能做到的事情，他人不一定能做到。因此，这时候就需要你体谅别人的难处，容忍别人的弱点，宽以待人，这样才能搞好彼此之间的关系，不为人所厌。

　　世界是一个复杂多变的舞台，人与人之间又是如此的不同，如果各自为政，世界就会四分五裂，相互争斗不已；人人都挑毛病，互相指责，生活也就会永无宁日。人生本来就充满了这样或那样的艰辛，如果再在人际关系上互相钩心斗角，那么我们的人生就会更加艰辛，充满不平。人世间本就没有完美的东西，何必在互相嘲笑和指责中度过每一天的时光呢？何不用一颗包容的心去面对社会、面对别人呢？忍一时，退一步，你会发现生活原来是非常美好的。

自己做不到的事情就不要要求别人去做，在生活的细节中要注意不要使自己成为爱挑人毛病的人。别人可能有这样或那样的缺点，但是你就没有吗？别人犯了错误你那么不满，难道你自己就不犯错误了吗？你不原谅别人犯的小错误，当你自己犯错的时候，你能够要求别人原谅你吗？人非圣贤，孰能无过？原谅别人就是原谅自己，因此不要总是盯住别人的缺点不放。

斗气不如斗志

男女朋友意见不合而吵架，两人都很生气，谁也不想先开口道歉，这便是"斗气"。

某甲得罪了某乙，某乙回头羞辱某甲，某甲失了颜面，与某乙结下了梁子，从此天天斗、月月斗、年年斗！这也是"斗气"。

A公司生产某产品，独占市场，B公司也推出类似产品，瓜分了A公司一半市场，并扬言将击败A公司；A公司不甘示弱，花大价钱打广告，发誓把市场夺回来！这也是"斗气"。

斗气是人类很自然的反应，可是斗气只能带给人一时激情式的满足，本身并没什么建设性，甚至可以说，斗气的破坏性大于建设性。

斗气会模糊你应追求的目标。例如，夫妻斗气会妨碍家庭幸福；同事斗气，会荒废事业；公司斗气，会互相毁灭；国家为斗气而打仗，会使民不聊生。为"气"而投入时间、精力、金钱，智者不为也。

斗气会使人失去理性。"气"是属于情绪性的，"气"的存在，使人呈现感性的一面，但若上升到要"斗"的程度，则会使人失去理性，让人作出错误甚至后悔莫及的决定。所以，智者不为也。

斗气有时是对方的策略。或许他知道你容易动"气"，所以故意激你，好把你引入歧路，让你因此毁灭；或许他不知道你是不是容易动"气"，但激一激你，可以了解你的底细，而他这样做，当然也是为了打击你，或是毁灭你！所以，斗气，智者不为也。

斗气会使人气度变小，忘了"气"之外还有更重要的事、更广大的天地。

斗气，智者不为。智者只斗志！

"志"指"志向"，也就是抱负、理想及对未来的规划。换句话说，不管别人对你如何，也不管自己感受如何，只管坚定地奔赴自己的目标，也不在乎对方是不是跑在你前面，你只走你该走的路！

"志"也指"理性"。也就是说，让理性来引导，你的每一个作为都经过仔细的思考，绝不冲动，不感情用事。

"气"是空的、虚的、浮的，因此也是不长久的；而"志"却是实的、稳的、充满力量的。

很多人的失败都因斗气，这些人也都是年纪大了，才了解斗气的荒谬可笑。

与人为师

你爱吃冬瓜，我爱吃烤鸭，但我们还是共桌吃饭；你有你的思维方式，我有我的行事方法，我们还是同席而坐。

要是一个人保持着严肃认真、不辜负他人的想法，而别人也抱着全力以赴的态度，那么人人都能以自己的风格，默默地坚守自己的岗位，辛勤地工作。放眼所见，人人都从善如流、力求改进，人人都为恢复善良天性而谨慎自守。如此一来，人与人之间就无所谓成败胜负。

然而，要是一个自以为很真诚，却误以为他人都是做表面功夫的人，那么他就会被"别人皆负我"的念头所驱使，而变得更加无视于他人，时时诋毁他人，于是乎真正变成心狭气窄的人了。

许多武将也说过："虽为敌人，其人表现却颇杰出，令人敬佩。"这句话可以说是昭示我们，对自己和不喜欢的人都要给予客观的评价。

我们要是能领悟到"拜对手为老师"这句话的精髓，了解对方也了解自己，那或许就能够对自我存在的价值有了正确的认识和评判。

盼别人好

敌人就在自己的心中，眼睛看得到的敌人其实并不可怕。越是不容易发现的敌人越不容易对付，在交际手腕中要留意的，就是寄居在自己内心之中的敌人——嫉妒、羡慕、猜忌、轻蔑、侮慢、奢求、攻击心、背叛……这些人性的弱点，都是妨碍友情的大敌。

对方若比自己优秀，自己就蛮不讲理地胡闹；对方若是比自己差，自己就心生歹念企图占对方便宜；若有任何言行举动不符自己的心意，便强词夺理地为自己叫屈，这些行为都会损害到友谊的发展。

眉宇之间流露出一股凶气，这样的人内心必定凶狠而狭窄。言辞偏颇的人，内心多半邪恶而气度狭小。这样的人，一般不会受到他人的欢迎。

精于交际的人不会一味地扩展社交范围，而是先了解自己内心真正的敌人。

如果能够体会到自己内心丑恶的本性正是自己真正的敌人，这个人才能够抑制住自己内心的丑恶欲望。嫉妒会抹杀公正的评价，猜忌会使自己丧失对他人的信赖，攻击会招致反击，背叛会使自己失去忠诚的朋友。

若能够知道自己心中的敌人，就能够知道对方心中的敌人，这样彼此才可以谈得上真心相待，也才能够交到真正的朋友。

在与朋友交往的时候，首先要了解自己的大敌为何，才能切实改进人际关系。

双赢思维

建立人际关系的双赢前提是：需要厚实的"情感账户"。制胜的关键在于扩大你的个人影响，即对他人以礼相待，真诚尊敬与欣赏对方；要投入更长的时间和精力与存在差异的人进行沟通。

懂得利人利己的人，把生活看作一个合作的舞台，而不是角斗场。世界给了每个人立足的空间，他人之得并非就是自己之失。因此，双赢是人际关系的重要原则。

树立双赢思维就是要在人际交往中不断寻求互利，以达成双方都满意，并致力于合作的协议。

真正的成功者应该是在心中拥有信、诚、义，希望帮助更多的人取得成功的人。成功既是目标的实现，更是过程的延续。所以，千万要抛弃"相互排斥，打击对手"的冷战心理和冷战思维，保持"互利双赢"的良好心理。

双赢之道其实是一种很高的智慧。在帮助别人的同时接受别人的帮助，双方最终将获得独自奋战所不能拥有的东西。双赢的智慧来自和谐相处与共谋发展。事实证明，只有和谐才能双赢。互不信任、互相拆台、壁垒高筑，只会两败俱伤。

一日，寒山对拾得说："今天有人侮我、辱我、轻慢我、冷笑我、藐视我、嫌恶我、诈欺我，我该怎么办？"拾得说："你只需忍受他、依他、让他、敬他、避他，装聋作哑、漠然置他。冷眼观看，看他如何结局。"

但也不能一味妥协，一团和气。

宋江的失误在于对大宋王朝的过度期待，他的"双赢"梦——摆脱盗贼的恶名，并为朝廷除掉方腊——从一开始就难以实现。

一味地妥协并不能达成双赢，一团和气也不能争取到真正的双赢。双赢的智慧在于清醒地坚守可能的底线和原则。要做到既不强取豪夺，也不委曲求全。

双赢的智慧要以"己所不欲，勿施于人"为前提。若时时想着自己，处处为己争利，见不得别人强，看不惯别人好。诸如此类，难以达到"双赢"。"双赢"的智慧是一种宽容和大度，一种高瞻远瞩的眼光，一种虚怀若谷的气度。双赢的智慧在于审时度势、把握时机。"一花独放不是春，百花齐放春满园。"倘若我们能在双赢之道上再向前迈进，走向"百花齐放"的多赢之道，那将是一件幸事。